El irresistible
lenguaje
del Amor

El irresistible lenguaje del Amor

Gary Smalley & John Trent

✂ EDITORIAL BETANIA

EL IRRESISTIBLE LENGUAJE DEL AMOR
© 1992 EDITORIAL CARIBE
P.O. Box 141000
Nashville, TN 37214-1000

Publicado originalmente en inglés con el título de
THE LANGUAGE OF LOVE
Copyright © 1988 por Gary Smalley y John Trent, Ph.D.
Publicado por Focus on the Family Publishing
Colorado Springs, Colorado

Versión castellana: Cecilia Romanenghi de De Francesco
Editor en Jefe: Raquel Boqué de Monsalve

ISBN 0-88113-099-0

Printed in U.S.A.

E-mail: caribe@editorialcaribe.com
8th Impresión
www.caribebetania.com

DEDICATORIA

A Norma y Cindy, dos esposas fieles y amorosas, quienes son tan encantadoras como nuestra novela favorita. Cada día, al pasar una nueva página de la vida, descubrimos nuevos motivos para amarlas y estar agradecidos a Dios por ellas.

Y a Jim y Suzette Brawner, campeones mundiales en el uso de las descripciones vívidas para formar una relación amorosa y duradera.

INDICE

¿QUE ES UNA DESCRIPCION VIVIDA?

1

Cuando las palabras de todos los días no son suficientes

Julia se encontraba sentada a la mesa de la cocina. Nunca en su vida se había sentido tan solitaria y desanimada. Pocas horas antes se había tenido que enfrentar con sus peores temores. Ahora, por más que lo intentaba, no podía dejar de desear volver atrás las agujas del reloj para cambiar lo que había sucedido. Desplomada en la silla, se secaba las lágrimas, y repetía una y otra vez la escena en su mente.

Era temprano en la tarde de un fresco día de otoño. Julia condujo su automóvil último modelo por la calle bordeada de hermosas casas. Cada una de ellas era un monumento levantado en honor de alguien que había ascendido por la escalera del éxito.

Julia encajaba perfectamente en aquel vecindario de clase alta. Sus cabellos rubios y sus finos rasgos eran un tributo a sus antepasados suecos. Y a la edad de treinta y nueve años se veía tan joven y esbelta como muchas de sus amigas diez años menores. Sus hermosos ojos azules brillaron con satisfacción al entrar al garaje de la casa de dos pisos de estilo victoriano. Las columnas de ladrillos rojos cubiertas de enredaderas y el impecable césped reflejaban la mezcla justa de formalidad y calidez. Sus dos hijos se encontraban en la escuela, por lo tanto la casa estaría tranquila. Después de una mañana de compras y diligencias deseaba tener unos momentos para descansar.

Al estacionar el automóvil, Julia se recostó en el asiento. Cerrando los ojos, dejó que las últimas notas de una bonita canción de amor la llevaran a una playa bañada por la luz de la luna. Finalmente, con un suspiro, apagó la radio, abrió la puerta del automóvil y comenzó a descargar los paquetes de sus compras matutinas. Con una bolsa de provisiones en una mano y las llaves en la otra, abrió la puerta de su casa.

Lo que Julia no sabía era que estaba abriendo la puerta al descubrimiento más doloroso de su vida.

Cruzó la cocina y dejó la bolsa de provisiones sobre la mesa. Al darse vuelta, sus ojos advirtieron una hoja de papel en la puerta del refrigerador.

Inmediatamente reconoció la letra. Era de su esposo. En la parte exterior de ese papel doblado había escrito: "Julia, no permitas que los niños lean esto."

¿No permitas que los niños lean esto?, pensó. *Si ellos lo hubieran descubierto antes que yo, lo habrían leído en un segundo.*

Mientras desdoblaba la nota, intentó hacer a un lado la incómoda sensación que repentinamente la había invadido. Trató de convencerse a sí misma de que ese mensaje tendría que ver únicamente con sus negocios o con las finanzas. *Es por eso que no desea que los niños lo vean*, pensó. Pero cuando comenzó a leer, las manos le empezaron a temblar:

Querida Julia:
    Ambos sabemos que nos hemos estado separando desde hace bastante tiempo. Y seamos sinceros, no veo que ningún cambio se opere en ti o entre nosotros.
    También debes saber que he estado saliendo con otra mujer. Sí, estoy involucrado con ella y realmente creo amarla. Te digo esto porque es probable que alguien nos vea juntos, y yo deseaba decírtelo antes que otro lo hiciera.
    Julia, tratemos de que esto sea lo más fácil posible para

los niños. No tiene por qué ser una gran carga para ellos, a menos que tú así lo desees.

No te amo más, y realmente me pregunto si alguna vez te amé. Ya le he pedido a mi abogado que haga los papeles del divorcio, porque quiero divorciarme de ti ahora mismo. Debo salir de la ciudad en un viaje de negocios. Volveré en dos semanas y pasaré por aquí para recoger algunas cosas y saludar a los niños. Una cosa más. Me quedaré en un apartamento que he alquilado hasta que todo esto termine.

Esteban

Julia apretó la nota en su mano mientras los ojos se le llenaban de lágrimas. Su mente retrocedió a un momento en su niñez cuando un pedazo de papel apartó de su vida a otra persona importante. Tenía cinco años cuando el Departamento de Guerra envió el temido telegrama; dos párrafos en los cuales lamentaban informar a su familia de que su padre había muerto en la guerra de Corea.

Después de todos esos años, unos pocos párrafos garabateados sobre un pedazo de papel desencadenaron otra avalancha de dolor emocional. Nuevamente había perdido al hombre más importante de su vida, pero en esta ocasión la nota no demostraba ningún sentimiento de pesar. Los recuerdos y las dolorosas emociones se agolparon en la mente de Julia resquebrajando el que una vez había sido su tranquilo mundo. En respuesta a sus lágrimas y a los desgarradores sollozos, su hermosa casa no podía ofrecerle otra cosa sino silencio.

Julia se sentía devastada. Pero todavía no había llegado al fondo. Lo peor estaba por venir.

De la oscuridad a la desesperación
Durante catorce días la familia no tuvo noticias de Esteban. Durante ese tiempo, Julia se las ingenió para de alguna manera sobrevivir ante la devastadora fuerza de sus emociones. Cien veces al día, las palabras que Esteban le había escrito golpeaban su mente. Y cada vez que las recordaba, tenía que recoger más pedazos de su corazón destrozado.

He estado saliendo con otra mujer . . . Sí, estoy involucrado con ella

... Quiero divorciarme de ti ahora mismo ... Me quedaré en mi departamento hasta que todo esto termine ....

La espera de una llamada o de una visita de Esteban era una montaña rusa emocional diaria. Cada vez que Julia subía las escaleras, pasaba al lado de paredes llenas de fotos de una familia sonriente. Y cada mirada constituía un doloroso viaje a través de diecinueve años de matrimonio y de la crianza de dos hijos. Cada cajón abierto, cada puerta entreabierta de un guardarropa, cada rincón de la casa encerraba el silencioso recuerdo de un amor perdido. Durante casi la mitad de su vida había amado y había compartido su vida con un hombre, el mismo que ahora decía que no la amaba más, y que no sabía si la había amado alguna vez. Pero el rostro de sus hijos era lo que le producía la peor agonía.

Noche tras noche, a pesar de su propio dolor, Julia tenía que consolar y aconsejar a su hijo y a su hija. Intentó presentar las cosas de la mejor manera posible y de explicarles lo que había sucedido. Pero, ¿de qué manera podía responder a las interminables preguntas de un niño de siete años, especialmente cuando ni siquiera ella conocía las respuestas?

Mami, ¿por qué no vuelve a casa papá? ¿Está enojado conmigo? Mami, ¿qué hemos hecho?

¿Y cómo podía manejar los ataques de ira que tenía su hija adolescente cada vez que se mencionaba el nombre de su padre? En su nota, Esteban había escrito con tanta facilidad: "No tiene por qué ser una gran carga para los niños." Pero cada lágrima que Julia enjugaba de los ojos de sus hijos, deshacía un poco más la lógica de su esposo.

Todas las noches, después de contemplar cómo sus hijos se dormían en medio de la tristeza y la confusión, Julia finalmente podía escapar a su habitación. Allí, su mente se llenaba de pensamientos de soledad, llorando hasta quedarse dormida en su espaciosa cama que repentinamente le parecía demasiado grande.

Una noche, se encontraba preguntándose por centésima vez: *¿Existe la posibilidad de que alguna vez volvamos a estar juntos?* Ese pensamiento no había terminado de cruzarle la mente cuando sonó el teléfono. Era Esteban.

—Hola, Julia —le dijo él sin emoción alguna en la voz.

—Hola, querido —le contestó Julia automáticamente, antes de

tener tiempo para pensar en una respuesta.

¿Querido? ¿Qué dije?, se reprendió a sí misma. Deseaba estar enojada con él. *Estaba* enojada con él. Pero ahora que finalmente él la había llamado por teléfono, la ira que se había debatido en su interior durante días parecía haber desaparecido momentáneamente.

Al oír la voz de Esteban, deseó con toda su alma volver a verlo. Cómo ansiaba que él la abrazara . . . que le dijera que todavía la amaba . . . que todo había sido un terrible error. Pero cuando Esteban comenzó a hablar, toda esperanza se esfumó de su corazón. Sus palabras eran apresuradas y frías.

—Me alegro de que estés en casa, Julia —le dijo—. Estoy hablando desde el teléfono del automóvil y voy para allí para entregarte unos papeles. No tengo tiempo para hablar ahora. Durante años hemos tratado de hablar, pero nunca sirvió de nada. Estaré allí en unos pocos minutos.

Antes que Julia pudiera responder, el teléfono quedó mudo en su mano. Saltó de la silla y subió apresuradamente las escaleras para decirles a sus hijos que su padre estaba por llegar. Y mientras bajaba las escaleras y esperaba en la sala, diferentes recuerdos de casi dos décadas de matrimonio le cruzaron por la mente.

Siempre habían tenido problemas para comunicarse, inclusive durante el noviazgo. A lo largo de los años, las peleas habían acompañado muchas conversaciones. La guerra fría de palabras había enfriado su relación y dejado como secuela una sensación de inseguridad en las vidas de sus hijos.

Durante toda la vida de casada de Julia, solamente una cosa había permanecido sin cambiar. Ella siempre había deseado que Esteban pudiera entender sus sentimientos, necesidades, temores, metas y deseos. *Si tan sólo pudiera comprenderme; si tan sólo pudiera comunicarme con él de una manera que me entendiera; si tan sólo pudiéramos ir más allá de las peleas y las palabras agresivas para comunicarnos profundamente; si tan sólo . . . .*

De repente, las luces de un auto brillaron a través de la ventana de la sala. Julia se detuvo un momento, se echó una rápida mirada en el espejo, y se acomodó la falda. Luego abrió la puerta del frente y salió al porche. Pero mientras miraba cómo Esteban se acercaba hacia ella, reparó en el automóvil. Las luces estaban encendidas y el motor seguía funcionando.

Sin poder creer lo que veía, se inclinó hacia adelante casi involuntariamente. *Oh, no,* pensó, *¡ha traído a la mujer con él!* La luz de la calle mitigó un poco la oscuridad, y a pesar de que Julia no podía ver claramente, había una mujer sentada en el asiento de adelante. Pero ella no quiso fijar la vista para ver quién era.

Esteban se acercó al porche. Estaba tan apuesto como siempre, pero sus ojos no tenían ni una chispa de calor. —Aquí están los papeles que quiero que leas —le dijo abruptamente, entregándole un sobre—. Hay un documento legal que debes firmar y devolvérmelo lo antes posible.

—¡Esteban! —exclamó Julia, devolviéndole el sobre—. No puedo firmar ningún papel. No sé si *deseo* firmarlo. Primeramente debemos hablar con alguien. ¿No podemos ir a ver a un consejero, o a un pastor o . . . ?

—Escúchame, Julia —la voz de Esteban resonó en el aire fresco de la noche—. No estoy poniendo las cosas a votación. Hemos hablado durante años, y nada ha cambiado jamás. He pensado esto cuidadosamente, y no tengo ganas de escucharte decir por milésima vez: "Todo se va a arreglar." Dejemos esto bien claro, *nada* se va a arreglar. Este matrimonio se ha acabado. ¡Terminado! ¡Quiero irme! Es hora de que viva mi propia vida.

De repente, se escuchó una voz detrás de ellos.

—¿Y qué me dices de *nuestras* vidas, Papá?

Ni Esteban ni Julia habían escuchado a su hija adolescente bajar las escaleras. Se paró junto a su madre. —Papá, no puedo creer que estés haciendo esto. ¿Qué estás tratando de probar? Te amamos tanto, y esta situación nos resulta vergonzosa.

—Adriana, tú no comprendes —comenzó a decir su padre mientras extendía sus brazos hacia ella.

—¡No me toques! ¡No vuelvas a tocarme nunca más! —Adriana comenzó a sollozar mientras apartaba de sí a su padre—. No puedo creer que nos estés haciendo esto a mamá y a mí. ¿Y qué me dices de Héctor? Tampoco te importa él, ¿no es cierto? —su rostro bañado de lágrimas era una mezcla de ira y de terrible tristeza.

—Sí me importan. Pero no voy a quedarme aquí a discutir. Cualquiera puede pasar por la calle y nos verá. Tu madre y yo, bueno, simplemente no podemos hablar más. *Nunca* hemos podido hablar. No puedo explicarlo, pero no nos entendemos.

—Pero, Papá . . . .

—¡Mira! —dijo Esteban con un tono de voz cortante—. ¡No voy a meterme en esto ahora! Debo irme; dejé el motor marchando. Trataré de venir o de llamar por teléfono durante la semana. Se dio vuelta abruptamente y se alejó aprisa. Pero entonces, con la misma rapidez, se dio vuelta y dijo: —Saluden a Héctor de mi parte.

Diciendo esto, se dirigió a su automóvil y se alejó de sus vidas. Adriana corrió escaleras arriba hacia su dormitorio, llorando. Julia se quedó helada en la puerta, mirando cómo su esposo se alejaba con otra mujer. Mientras a través de las lágrimas veía desaparecer las luces traseras del automóvil de su esposo en la oscuridad de la noche, continuó preguntándose: *¿Por qué tenía que suceder esto? ¿Por qué? ¿Por qué? ¿Por qué?*

El lenguaje del amor: Más allá de las palabras cotidianas

Julia y Esteban estaban enfrentando un problema muy común que estaba destruyendo su matrimonio: el no saber comunicarse de una manera significativa. No era que no habían intentado hablar. A lo largo de los años habían hablado miles de veces, pero por no saber las técnicas de la comunicación efectiva, su matrimonio estaba en serios problemas. Nunca fueron capaces de alcanzar las profundidades del amor y la compasión que ambos anhelaban. Al igual que muchas otras parejas, su relación no se había arruinado por la falta de palabras. El problema que ellos tenían era que las palabras cotidianas no eran suficientes para proporcionar intimidad y comprensión.

Es probable que la necesidad que tenemos de comunicarnos con otra persona no sea tan dramática como la de Julia aquella noche, pero en todos los casos, nuestras técnicas de comunicación se relacionan directamente con el éxito que tendremos en nuestro matrimonio, familia, amistades y profesiones. Y si seriamente deseamos tener relaciones significativas y que nos den satisfacciones, no podemos permitir que nuestras conversaciones estén regidas por técnicas inadecuadas. Tiene que haber una manera *mejor* de relacionarnos con los demás, una manera que pueda guiarnos con seguridad a las profundidades del amor.

Tal vez tú seas un padre que no llega a ningún lado tratando de hablar con su hijo adolescente, o puedes ser una persona casada que tiene una buena relación matrimonial o que lucha por obtener-la. Tal vez seas un amigo que desea encontrar las palabras adecuadas para alentar a un vecino que está herido emocional-mente, o un jefe que no logra motivar o explicar un importante concepto a un empleado. O tal vez tú seas el empleado que trata de expresar algún punto importante a su supervisor, o un maestro que lucha por conseguir que su clase atienda y recuerde lo que les enseñó, o un consejero que trata de abrirse paso a través de los mecanismos de defensa de una pareja que desea que su relación mejore, o un ministro u orador público que desea desafiar a la gente para que entre en acción. O quizás seas un político que intenta ejercer influencia en un estado o una nación, o un escritor que procura capturar el corazón del lector.

No importa quién eres o qué haces, no puedes evadir la necesidad de comunicarte significativamente con los demás. Y sin excepción, todos nos enfrentamos a las limitaciones del lenguaje cotidiano.

En un mundo en el que sobran las palabras, ¿podemos encontrar la manera de añadir una nueva profundidad a lo que decimos? ¿Será posible que una esposa encuentre un nuevo método para penetrar las defensas naturales de su esposo logrando que se comprenda su punto de vista, y que su esposo lo recuerde por mucho tiempo? ¿Es posible que un hombre se exprese más vívidamente o diga las mismas cosas de una manera totalmente nueva? ¿Es posible que los hombres y las mujeres digan más utilizando menos palabras?

Para todas estas preguntas, la respuesta es un rotundo ¡SI! A pesar de que en los matrimonios, en las familias, en las amistades y en los trabajos no se utiliza, existe una herramienta que puede llevar a la comunicación a su límite máximo y puede cambiar nuestras vidas. Este concepto es muy antiguo pero oportuno, ya que se ha utilizado a través de todas las edades en todas las sociedades. Es un poderoso método de comunicación al que hemos llamado *descripciones vívidas emocionales.*[1]

A diferencia de todo lo que hemos visto, este concepto posee la capacidad de captar la atención de la persona involucrando simultáneamente sus pensamientos y sus sentimientos. Y junto con la capacidad de llevarnos a niveles más profundos de intimidad, posee el poder de dejar una impresión duradera de lo que hemos dicho o escrito. Con menos palabras, podemos aclarar e *intensificar* lo que deseamos comunicar. Además, nos capacita para abrir la puerta a cambios necesarios en una relación.

Este método puede desafiar al adulto más intelectual, y sin embargo puede ser usado con destreza por un niño. En realidad, nos asombramos al ver cómo Adriana, la adolescente de nuestra historia, aprendió rápidamente y aplicó una descripción vívida emocional al enfrentarse al fracaso matrimonial de sus padres.

Te invitamos a viajar con nosotros a través de los siguientes capítulos a medida que exponemos este original método que:

• utilizaron antiguos sabios para penetrar en el corazón y la mente de hombres y mujeres;

• Abraham Lincoln y Winston Churchill utilizaron para inspirar a sus países en tiempos muy peligrosos;

• Hitler utilizó para capturar y torcer el alma de una nación;

• los consejeros profesionales utilizan para acelerar el proceso sanador en relaciones rotas;

• los entrenadores utilizan para inspirar y motivar a los atletas profesionales;

• exitosos hombres de negocios utilizan para entrenar efectivamente a sus empleados; y

• los cómicos y los creadores de dibujos animados han utilizado con maestría para hacernos reír al mismo tiempo que nos desafían a pensar.

Y, lo que es más importante aún, las descripciones vívidas emocionales *pueden enriquecer todas tus conversaciones cotidianas y todas tus relaciones.* Es decir, permitirán que tus palabras penetren en el corazón de tu interlocutor hasta el punto en que podrá comprender perfectamente e inclusive *sentir* el impacto de tus palabras.

Las descripciones vívidas crean un lenguaje de amor que todo el mundo puede hablar. Específicamente, fue este lenguaje de amor lo que traspasó las barreras que rodeaban al esposo de Julia. En el próximo capítulo examinaremos los asombrosos resultados de cómo este irresistible método de comunicación llegó al inconmovible corazón de un padre que había abandonado su hogar.

2

Palabras que
atraviesan el corazón

Durante las tres semanas que siguieron a la triste escena del porche de la casa de Julia, Esteban llamó por teléfono unas pocas veces. En dos oportunidades fue a la casa, una vez para recoger su correspondencia, la otra para llevarse algunos objetos personales y alguna ropa.

Cada vez que telefoneaba o que venía a la casa, hablaba unos pocos minutos con Julia o con sus hijos; pero sus conversaciones eran totalmente superficiales. Después de evadir con mucha habilidad cualquier pregunta significativa, finalmente inventaba alguna excusa para finalizar la conversación y partía para el siguiente compromiso "importante".

Como nunca estaba en casa por la noche, Esteban nunca fue testigo de las consecuencias de su partida. Nunca vio la confusión que se había convertido en un continuo dolor en el corazón de Héctor, ni tampoco supo que el rendimiento en la escuela y la confianza en sí mismo de su hijo habían sido afectados. Esteban no reconocía las emociones de indignación de su hija Adriana hacia él, ni tampoco veía cómo esa ira también se dirigía hacia cada persona en la cual ella antes había confiado.[1]

Ni tampoco vio cómo su esposa luchaba valientemente por controlar sus emociones frente a los hijos, para luego retirarse en la noche y prorrumpir en ataques de ira y de dolor. Llorando hasta quedarse dormida, se daba vuelta en la cama, de madrugada, para abrazar a su esposo, sólo para despertarse y encontrar que sus brazos abrazaban una almohada.

Julia tenía profundas heridas en su corazón. Y a diario veía a su hijo y a su hija luchar con sus propias emociones heridas. Mientras los contemplaba sufrir, sin saber cómo ayudarlos, una escena de su infancia irrumpió en su mente.

Se había desatado una terrible tormenta aquel día de verano. Recordó que estaba junto a una ventana, mirando el jardín. Mientras se encontraba allí, el viento y la lluvia castigaban furiosamente a los árboles. Después de la tormenta, salió al jardín y vio un nido lleno de pichones que se habían caído al suelo. Las emociones que sintió al ver a aquellas pequeñas aves piando y aleteando en el lodo, tan indefensas, asustadas y confundidas, eran las mismas que sentía ahora al mirar a sus propios hijos.

En ese momento fue cuando decidió buscar ayuda. Esteban jamás había querido ni siquiera pisar la oficina de un consejero. Sin embargo, a Julia le pareció que ella y sus hijos deberían ir. Fue en esas sesiones donde Adriana aprendió acerca de las descripciones vívidas, y en su primer intento por crear una, atravesó profundamente el corazón de su padre.

Las palabras de su hija le cambiaron la vida
Más de dos meses después que Esteban decidiera abandonar a su familia, su obstinado corazón encontró lo que necesitaba.

Después de un largo y agitado día de trabajo, Esteban subió lentamente las escaleras que conducían a su vacío departamento que una vez había tenido sabor a libertad. Tiró al suelo el periódico del día anterior que estaba en un sillón, y se sentó para tener un momento de respiro.

Abrió su portafolio y comenzó a mirar los muchos sobres de correspondencia. Generalmente leía la correspondencia en la oficina. Sin embargo, como el día había sido tan agitado, ésta era la primera oportunidad que tenía de echar un vistazo al montón de cartas que había recibido. Encontró la habitual colección de folletos de propaganda y cuentas por pagar junto con unas pocas cartas de negocios, cuyos sobres estaban adornados con atractivos logotipos. Dentro de esa cantidad de correspondencia, sus ojos descubrieron una carta personal. Estaba escrita a mano y la letra se parecía a la de su esposa. Al mirar más de cerca vio que en realidad era de su hija.

A lo largo de los años, Esteban probablemente había estado más unido a Adriana que a su esposa o su hijo. Siempre se había sentido frustrado por las expectativas "poco prácticas" de su esposa, que pretendía que él estuviera más tiempo con su familia que en su trabajo. Y ya a la edad de siete años, Héctor era demasiado parecido a Esteban. Mirar a su hijo era como mirarse en un espejo, y Esteban se sentía incómodo con lo que veía reflejado. En cambio, con Adriana era diferente. Cuando hablaba con ella, no escuchaba un eco de su propia desdicha. La independencia de su hija y su confianza en sí misma eran rasgos que él respetaba.

Esteban abrió la carta esperando encontrar una tarjeta o una nota. Pero lo que encontró fue muy diferente. Allí dentro había una descripción vívida emocional que su hija había escrito; una historia que atravesaría su mente y su corazón, y se asiría a él con la fuerza de las garras de un águila.

Querido Papá:
Es tarde en la noche y estoy sentada en mi cama escribiéndote. Muchas veces he deseado hablar contigo durante las últimas semanas, pero parece que nunca hay tiempo para hablar cuando estamos solos.

Papá, yo sé que estás saliendo con otra mujer, y sé que probablemente tú y Mamá nunca vuelvan a estar juntos. Esto es muy difícil de aceptar, especialmente al saber que tal vez nunca más vuelvas a vivir en casa, y Héctor y yo no podamos disfrutar de tu presencia como padre todos los días. Pero al menos deseo que comprendas lo que está sucediendo en nuestras vidas.

No pienses que Mamá me pidió que te escribiera. Ella no lo hizo. No sabe que estoy escribiendo, ni tampoco Héctor lo sabe. Simplemente deseo compartir contigo lo que he estado pensando.

Papá, siento como si nuestra familia hubiera estado viajando en un hermoso automóvil durante largo tiempo.

Tú sabes, esa clase que a ti te gusta que tu compañía te proporcione, con muchos accesorios opcionales en su interior y por fuera sin un solo rasguño.

Pero, con el paso de los años, el automóvil ha desarrollado algunos problemas. Echa mucho humo, las ruedas se balancean y el tapizado de los asientos se ha roto. Se ha tornado difícil conducir este vehículo a causa de todas las sacudidas y los bamboleos; pero aún sigue siendo un gran automóvil, o al menos, podría serlo. Con un poco de trabajo, sé que podría seguir marchando por muchos años.

Desde que tenemos este automóvil, Héctor y yo hemos ocupado el asiento de atrás, mientras tú y Mamá iban en el asiento de adelante. Nos sentíamos realmente seguros al tenerte a ti al volante y a Mamá sentada a tu lado. Pero el mes pasado Mamá tuvo que ponerse al volante.

Era de noche y acabábamos de doblar en la esquina de nuestra casa. De repente, levantamos la vista y vimos otro automóvil fuera de control que venía en dirección a nosotros. Mamá trató de esquivarlo, pero sin embargo el otro vehículo se estrelló contra nosotros. El impacto nos hizo salir del camino y chocamos con una columna del alumbrado.

Justo antes del choque, Papá, vimos que tú eras quien conducía el otro automóvil. Y vimos otra cosa: a tu lado estaba sentada otra mujer.

Fue un accidente tan terrible que nos llevaron a todos a la sala de emergencia del hospital. Pero cuando preguntamos dónde estabas tú, nadie sabía. Todavía no estamos muy seguros de dónde estás, o si estás herido o si necesitas ayuda.

Mamá se lastimó seriamente. Cayó sobre el volante y se rompió varias costillas. Una de ellas le perforó un pulmón y casi le atraviesa el corazón.

Cuando el automóvil chocó, la puerta de atrás golpeó a Héctor. Estaba lleno de cortaduras a causa de los vidrios rotos y se quebró el brazo, así que ahora lo tiene enyesado. Pero eso no fue lo peor. Todavía sigue en un estado de shock y siente tanto dolor que no desea hablar ni jugar con nadie.

En lo que a mí respecta, fui despedida del automóvil. Permanecí allí en el frío durante largo rato con una pierna fracturada. Tirada en el pavimento, no me podía mover y no sabía qué les había pasado a Mamá y a Héctor. Sentía tanto dolor que no podía ir a ayudarles.

Desde aquella noche, muchas veces me he preguntado si alguno de nosotros podrá reponerse. Aunque estamos un poquito mejor, todavía estamos en el hospital. Los doctores dicen que necesito mucha terapia en la pierna, y sé que podrán ayudarme; pero desearía que fueras tú quien me ayudara, en lugar de ellos.

El dolor es muy fuerte, pero lo que es peor aun es que todos te echamos de menos. Todos los días esperamos que vengas a visitarnos al hospital, pero tú no vienes. Sé que todo ha terminado; pero mi corazón estallaría de alegría si pudiera levantar la vista y verte entrar a mi habitación.

De noche, cuando el hospital está en silencio, nos llevan a Héctor y a mí a la habitación de Mamá, y los tres hablamos de ti. Hablamos de cuánto nos gustaba viajar contigo y de cómo nos gustaría que ahora estuvieras con nosotros.

¿Estás bien? ¿Tienes algún dolor a causa del choque? ¿Nos necesitas así como nosotros te necesitamos a ti? Si me necesitas, estoy aquí y te amo.

Tu hija,
Adriana

Una semana después de haber enviado la carta, Adriana se quedó en casa con Héctor y su madre en lugar de asistir a un partido de fútbol de su escuela. En realidad, no le costó mucho trabajo decidir qué hacer. Con su corazón hecho pedazos no tenía deseos de vitorear y de reír con sus amigos. Permaneció muchas horas en su habitación mirando televisión, tratando de distraerse con una vieja película. Finalmente, dejó de esconder su soledad y bajó las escaleras para prepararse algo de comer. En realidad no tenía hambre, pero pensó que un estómago lleno le ayudaría a llenar su corazón vacío.

Se apoyó en el pasamanos y lentamente descendió las escaleras. Pero cuando estaba a la mitad, algo le llamó la atención y levantó la vista. De pie frente a la puerta de entrada estaba su padre. Ella no había escuchado el timbre y no tenía idea de cuánto tiempo él había estado allí. Los segundos parecieron horas al encontrarse sus miradas. A Adriana le parecía que si apartaba la mirada, su padre desaparecería.

—¿Papá? —dijo finalmente con una débil voz mientras que su corazón latía aceleradamente.

—Adriana —le dijo su padre, y con la voz cargada de emoción le preguntó—: ¿Cómo estás de la pierna, querida?

—¿La pierna?

—Recibí tu carta.

—Ah . . . bueno, no ha mejorado mucho.

—Lamento haberte herido tanto, Adriana. No sabes cuánto lo siento —le dijo su padre luchando por controlar la voz—. Tu carta llegó cuando yo no sabía si alguna vez podría retornar a la familia. Me parecía que me había alejado demasiado de todos ustedes como para volver a intentarlo nuevamente. Pero tu historia me mostró cuánto dolor les he causado. Y para ser sincero, hizo que me diera cuenta de que yo también estoy bastante herido.

Miró a Adriana y tragó saliva antes de continuar. —¿Tu madre está arriba? No estoy prometiendo nada, pero creo que necesitamos buscar alguien que nos aconseje. Hay mucho que debemos arreglar.

La nota de Esteban fue lo que lanzó a toda la familia a aguas profundas y peligrosas. Pero una segunda nota, conteniendo una descripción vívida emocional, fue la que ayudó a calmar las aguas y la que comenzó a llevar a esa familia nuevamente a tierra firme. Aunque no siempre una descripción vívida causa un impacto tan dramático e inmediato, en este caso lo hizo. El resultado fue que dos días más tarde, Esteban entró en nuestras oficinas en busca de asesoramiento junto con su esposa. Y no mucho después se mudó a su hogar.

¿Qué fue lo que inició semejante cambio en ese hombre? Con lágrimas en los ojos, su esposa y su hija le habían pedido que regresara a su hogar. Sin embargo sus súplicas no le conmovieron. Fue una descripción vívida emocional lo que finalmente atravesó su endurecido corazón y abrió su vida al cambio que tanto necesitaba.

Mucho más que una historia

¿Cómo pudo una historia tan simple traer un cambio tan grande a una vida? Adriana no comprendía cómo o por qué una descripción vívida había logrado ese resultado con su padre; simplemente daba gracias de que así hubiera sido. Pronto descubrirás que existen cinco fuerzas poderosas que entran en acción cada vez que se utiliza una descripción vívida.

En las páginas que siguen exploraremos cómo y por qué este lenguaje de amor es tan efectivo. Pero primero, definamos brevemente esta herramienta de la comunicación.

Una definición breve diría algo así: Una descripción vívida emocional es una herramienta de la comunicación que utiliza una historia o un objeto para activar simultáneamente las *emociones* y el *intelecto* de una persona. De esta manera, la persona *experimenta* nuestras palabras, en lugar de simplemente escucharlas.

En resumen, esta técnica de la comunicación hace que los pensamientos que deseamos expresar cobren vida. Al mirar en las páginas de la historia y en las investigaciones actuales sobre comunicación, encontramos que la evidencia es clara. Cada vez que necesitamos comunicar algo importante a otra persona, las descripciones vívidas pueden multiplicar el impacto de nuestro mensaje.[2]

Teniendo presente la definición que acabamos de enunciar, pongamos a las descripciones vívidas debajo del lente del microscopio para examinarlas a fondo. Al hacerlo, veremos cómo en una sola hora muchas parejas se han trasladado a un nivel de intimidad y comprensión mayor del que habían logrado en meses de conversación cotidiana.

¿DE QUE MANERA PUEDEN ENRIQUECER MI COMUNICACION LAS DESCRIPCIONES VIVIDAS?

3

Aprovechando al máximo el poder de las palabras

Ya hemos visto cómo una descripción vívida cambió en forma dramática el corazón de un hombre. Pero esto no es nada si lo comparamos con el cambio que experimentaron los hombres a través de una nación entera.

Siempre ha sido difícil cambiar las acciones y las actitudes de un hombre, y a muchas mujeres les parece que su esposo usa una armadura de hierro en la cual rebota todo lo que le dicen. Pero en 1942, Walt Disney demostró que el uso efectivo de una descripción vívida, a lo largo de toda una película, podía derribar tales barreras. En su famosa película *Bambi*, él pintó un cuadro que atravesó los corazones de los hombres, y de un día para el otro hizo que muchos hombres quitaran el dedo de los gatillos de las escopetas de caza, casi ocasionando la quiebra de la industria de la caza de ciervos.

El año anterior a esa película, la caza de ciervos en los Estados Unidos representaba un negocio de 9,5 millones de dólares. Pero cuando se mostró una escena particularmente conmovedora (aquella del cervatillo que ve como un cazador mata a su madre), la actitud de muchos hombres cambió dramáticamente. En la temporada siguiente, los cazadores de ciervos gastaron sólo 4,1 millones de dólares en artículos de caza, permisos y viajes de cacería.[1]

Muchas veces se ha dicho que un cuadro es mejor que mil palabras, y la película *Bambi* probó que eso es verdad. ¿Pero qué significado tiene esto para un hombre o una mujer que tiene una profunda necesidad de expresarle a otra persona sentimientos importantes, preocupaciones o cierta información? Ya es hora de cambiar mil palabras cotidianas por una descripción vívida efectiva.

Existen muchas razones bien definidas por las cuales este método de comunicación produce un impacto tan tremendo en la gente. En este capítulo exploraremos cinco de ellas, proveyendo así el elemento que unirá nuestra vida a la de nuestros seres amados.

Cinco razones por las cuales las descripciones vívidas dan tan buenos resultados

1. Han sido probadas a través del tiempo por los más grandes oradores de la historia.

Es probable que tu destino no sea figurar en las primeras páginas de los periódicos, pero si deseas dejar grabado un recuerdo duradero en la página de tu propia historia, harás bien en seguir los pasos de los grandes oradores del mundo.

Tomemos a Cicerón, por ejemplo, el gran orador del Imperio Romano. El creía que las descripciones vívidas son "luces" que iluminan la verdad. Como les dijo a sus estudiantes: "Cuanto más importante sea el mensaje, más brillantes deben ser las luces."[2]

De hecho, él dijo que a un hombre se le podía considerar sabio únicamente si podía expresar sus pensamientos dentro del marco de una descripción vívida.[3]

Aristóteles, uno de los sabios más respetados de Grecia, era un maestro en el arte de usar descripciones vívidas. Por ejemplo, una vez refiriéndose a un héroe caído dijo:

> Entró en el combate en cuerpo como el toro más fuerte, en espíritu como el más feroz león. Probó que era cierto el antiguo adagio que dice: "Un soldado debe volver de la batalla con su escudo . . . o sobre él."[4]

Siglos después, Benjamín Franklin desafió el corazón de su joven nación expresando sus pensamientos con esta misma técnica de la comunicación. Las descripciones vívidas llenaban sus discursos y sus escritos, pero probablemente el mejor ejemplo de su habilidad en el uso de éstas es el epitafio que escribió para su propia tumba:

El cuerpo de Benjamín Franklin, yace aquí (como las cubiertas de un viejo libro cuyas páginas han sido rotas y las letras doradas de sus tapas no existen más), alimento para los gusanos; pero el trabajo no se perderá, porque aparecerá una vez más en una nueva edición más elegante, revisada y corregida por el Autor.[5]

Antes de la Guerra Civil, Harriet Beecher Stowe estaba muy disgustada con el sistema de esclavitud del sur de los Estados Unidos. ¿Pero quién iba a escucharla? En los primeros años de la historia norteamericana, no existían plataformas donde se les diera la palabra a las mujeres. Sin embargo, toda la nación se conmovió grandemente cuando ella escribió una descripción vívida que ocupó todo el libro titulado *La cabaña del Tío Tom.*

Cuando se publicó su libro, los habitantes del norte del país se sintieron enardecidos. La vívida descripción del cruelísimo propietario de esclavos despertó mucha oposición. Su mensaje provocó una furia tal, que Abraham Lincoln sintió que la Guerra Civil era inevitable.[6]

Casi un siglo después, cuando una guerra mundial arrasaba a Europa, otro gran orador salió a escena. Winston Churchill siempre tenía una apariencia desafiante. Se notaba por la forma en que colocaba su cigarro al costado de la boca y en el destello guerrero de sus ojos. Pero para una nación asediada, los discursos llenos de descripciones vívidas de Churchill fueron los que conmovieron el espíritu de lucha de sus abatidos soldados.

Poco después de la humillante retirada de Dunkerke, Gran Bretaña recibió las desalentadoras noticias de que Italia se había unido a las filas de los nazis. Pero en su típico estilo, Churchill habló por la radio con las siguientes palabras:

Mussolini es un chacal vencido, que para salvar su pellejo ha hecho de Italia un servil estado del Imperio de Hitler. Hoy está retozando al lado del tigre alemán que aulla no sólo de apetito (lo cual se podría comprender) sino también de triunfo . . . No será bueno para él. Los dictadores pueden caminar en medio de los tigres, pero no se deben engañar, porque a los tigres les está dando hambre.[7]

Si Churchill dominaba el arte de motivar a sus soldados, al otro lado del Canal de la Mancha se encontraba otra persona que también dominaba este arte, pero para el mal: Adolfo Hitler. Como veremos más adelante en otro capítulo, este hombre mantuvo cautiva el alma de su nación con sus descripciones vívidas.[8] También ilustraremos la manera trágica en que todavía hoy algunas personas tuercen el lenguaje del amor transformándolo en un lenguaje de odio. Al hacerlo, utilizan para manipular, intimidar, controlar y destruir a los demás, algo que debería usarse para el bien.

No es necesario que las descripciones vívidas sean extensas para que sean eficaces. Algunos de los grandes oradores en los últimos años han utilizado esta técnica para sazonar un simple pensamiento dentro de un discurso. En su discurso inaugural en 1961, el presidente John F. Kennedy habló de la necesidad de "hacerle saber a cualquier otro poder que este hemisferio pretende seguir siendo el dueño de su casa".[9]

También Martin Luther King, hijo, desafió a una sociedad segregada con estas palabras:

No pretendamos satisfacer nuestra sed de libertad bebiendo de la copa de la amargura y el odio.[10]

Y Ronald Reagan, a quien muchos llaman "El gran orador", sazonaba sus conversaciones con historia tras historia y con muchas analogías.[11]

Hojeando las páginas de la historia, confirmamos que las descripciones vívidas han impactado al mundo. Probablemente en ningún otro libro se haga tan evidente como en uno. Sin lugar a dudas, la Biblia tiene más poder para cambiar vidas que ningún otro libro del mundo. Sigue siendo el libro más leído, el que se ha traducido a más idiomas, y es el de mayor venta del mundo.[12] De todos los métodos de comunicación que podrían haber usado los escritores de la Biblia, vemos que las descripciones vívidas aparecen en casi cada página.

Considera, por ejemplo, uno de los pasajes de la Biblia más familiares, el tan a menudo citado Salmo 23, que comienza diciendo: "Jehová es mi pastor . . . ." Este Salmo les ha proporcionado esperanza a personas en todas partes del mundo, mientras atravesaban su propio "valle de sombra de muerte".

Este Salmo fue recitado en la cubierta del Titanic mientras los botes salvavidas se alejaban del sentenciado navío,[13] en una playa en Okinawa, y en las selvas de Vietnam en medio de la batalla,[14] en una cápsula espacial que orbitaba la luna,[15] y hoy en día se recita en muchas salas de espera de los hospitales donde las familias oran.

Lo que nos asombró en nuestra investigación fue que a través de las Escrituras, el principal método que utilizó Jesús para enseñar, desafiar y motivar fue el de las descripciones vívidas. Cuando habló acerca del amor presentó la descripción vívida del buen samaritano. Para describir el corazón perdonador de un padre, compartió la historia del hijo pródigo.[16] Y lo que es muy interesante es que las descripciones vívidas son el método utilizado con más frecuencia para describir quién es Jesús.[17]

Hemos visto a hombres y mujeres transmitiendo sus mensajes más importantes con este lenguaje de amor. Nos beneficiaremos si nos sentamos a los pies de estos gigantes porque veremos que las descripciones vívidas tienen el poder de cambiar y enriquecer las vidas. Pero ésta no es la única razón por la cual debemos utilizarlas. Existen cuatro razones más que nos pueden proporcionar un cimiento sólido para formar relaciones con las demás personas.

2. Las descripciones vívidas captan y dirigen la atención.

Un esposo sabio o una esposa sabia puede descubrir el secreto que los publicistas han utilizado por años para captar la atención de una persona. Los publicistas saben que tienen sólo unos pocos segundos para enviar su mensaje. Envolviendo pequeñas descripciones vívidas alrededor de un lema, ellos se aseguran de que su mensaje perdurará después que el aviso haya terminado. ¿Quién puede olvidar lemas como: "Estás en buenas manos", o "Porque usted se merece lo mejor"? De manera similar, no conducimos automóviles, conducimos *Broncos, Blazers, Colts, Cavaliers* y *Mustangs*. Distintas investigaciones han comprobado que cuando escuchamos una descripción vívida, nuestro cerebro trabaja mucho más rápidamente y gasta mucha más energía que cuando leemos o escuchamos palabras convencionales.[18] Para comprobarlo, lee una página de tu novela favorita, y luego una cantidad similar de una enciclopedia. Descubrirás que lees la novela mucho más rápidamente, y por muy buena razón.

Tu manera de reaccionar a una historia se puede comparar con la que tendrías si estuvieras conduciendo tu automóvil en medio de la niebla en una carretera que bordea la costa. Instantáneamente te pondrías alerta, esforzándote por ver lo que está más adelante. Te esforzarías por ver las líneas divisorias, y te dolerían los ojos tratando de descubrir las luces rojas del freno de los otros automóviles. Tu mente no te permitiría relajarte hasta haber salido de la niebla y tener buena visibilidad.

De manera similar, una descripción vívida emocional crea una niebla en la mente de tu interlocutor. Le obliga a esforzarse mentalmente para ver qué es lo que hay detrás de tu historia. Y cuando la niebla se levanta, la persona finalmente tiene una comprensión más clara de lo que deseabas expresar. Si deseas tener un ejemplo semanal de esto, observa simplemente cómo las cabezas adormecidas de algunos miembros se despejan en el instante en que el pastor utiliza una ilustración apropiada en medio de su sermón.

Se ha dicho que los primeros treinta segundos de una conversación son cruciales.[19] Los grandes oradores saben que una descripción vívida les puede dar una ventaja desde el momento en que comienzan a hablar. Tú puedes utilizar esta ventaja en tu comunicación, aun con personas con las cuales te cuesta trabajo comunicarte.

Eso fue lo que Adriana descubrió cuando le escribió a su padre, un hombre que evitaba las confrontaciones. La descripción vívida que ella utilizó llamó rápidamente su atención, hasta que se levantó la niebla y él comprendió lo que ella le deseaba decir.

3. Las descripciones vívidas hacen que la comunicación cobre vida.

Otro motivo importante para el uso de las descripciones vívidas es que éstas activan las emociones de una persona, lo cual puede conducirle a un cambio positivo. Hasta que llegan a la pubertad, los niños experimentan cambios principalmente a través de la enseñanza y la instrucción directas.[20] Pero una vez que entran en la pubertad, las palabras solas producen un impacto menor en ellos. Para los adolescentes y los adultos, los cambios en la vida tienen lugar principalmente a través de acontecimientos emocionalmente significativos, tales como la muerte, el matrimonio, el nacimiento, la pérdida de un padre, la rotura de una relación, el obtener o no una recompensa, y las decisiones de índole religiosa.[21]

Las descripciones vívidas afectan simultáneamente las emociones, el intelecto y la voluntad de una persona, creando un "escenario en la mente", por donde viajan las ideas. Como leímos anteriormente, los cazadores que vieron la película de Disney obtuvieron mucho más de lo que esperaban por el precio de la entrada al cine. La mayor parte de ellos experimentaron emocionalmente por primera vez el lado oscuro de su deporte. En lugar de entusiasmarse por la emoción de una cacería, sintieron las emociones de aquel pequeño que vio morir a su madre.

Algunas investigaciones han demostrado que las descripciones vívidas no solamente activan nuestras emociones, sino que también nos afectan *físicamente*.[22] Es decir, cuando escuchamos una historia, ya sea real o imaginaria, nuestros cinco sentidos actúan como si nosotros la estuviéramos viviendo.[23]

Esto ayuda a explicar por qué una persona se siente agotada después de leer un libro de suspenso o de ver una película de misterio. En realidad, esa persona se encuentra cómodamente sentada en su silla, totalmente apartada de la enloquecida tribu de caníbales. Pero sicológicamente experimenta la misma falta de aliento y la liberación de ciertos componentes químicos que fluyen en el torrente sanguíneo del héroe.[24]

No solamente el miedo provoca estas reacciones, sino también el amor y otras emociones positivas. Muchas mujeres carecen de intimidad emocional en su matrimonio. ¿Adónde se dirigen buscando un romance millones de veces al año? A la historia de amor pintada en una novela romántica. Al leer acerca del romance de otra persona (real o imaginaria) estas mujeres experimentan, al menos en alguna medida, aquellos tan ansiados sentimientos de amor. Cuando Adriana le envió la descripción vívida a su padre, verdaderamente le estaba enviando una bomba de tiempo. Sus palabras explotaron en el interior de su padre, obligándole a experimentar física y emocionalmente el daño que le había causado a su familia. Y, como mencionamos anteriormente, las emociones que se despiertan pueden producir cambios en la manera de pensar de una persona. Es más, plantamos dentro de nuestro interlocutor una semilla que puede dar como fruto una vida cambiada, aun cuando, al principio esa persona rechace nuestras palabras.

4. Las descripciones vívidas graban pensamientos en nuestra memoria.

A menudo escuchamos al esposo o a la esposa de un matrimonio en conflicto quejándose: "¿Por qué él (o ella) no puede recordar lo que le digo?" En realidad, los esposos frustrados no son los únicos que sienten que están hablando a oídos sordos o a memorias frágiles.[25]

La queja constante de muchos ministros y educadores es que la gente no recuerda lo que se le ha enseñado. En parte, esto sucede porque la mayor parte de la enseñanza se transmite por medio de disertaciones. Existen ciertas ventajas en este modo de instrucción. Sin embargo, después de algunas horas, una persona normal recordará solamente siete por ciento de media hora de disertación.

Como tal vez estés pensado, los investigadores han demostrado que las personas recuerdan los conceptos y las conversaciones por mucho más tiempo y de una manera más detallada cuando se utiliza una descripción vívida. Por cierto, cuanto más novelesca y fantástica sea la historia, el concepto de la misma se recordará por más tiempo.

Corrie ten Boom, sobreviviente del Holocausto y destacada oradora internacional, nos inculcó este principio. "Nunca se paren frente a un grupo de personas sin tener un objeto o una historia que ilustre lo que están diciendo", nos dijo con su tono de voz firme y su acento extranjero. "En todos los lugares donde hablo, siempre utilizo un objeto o una historia, y aun después de muchos años, las personas siguen recordando lo que les dije."

En sus viajes, Corrie se convirtió en un símbolo de esperanza para todos los que sufrían física o espiritualmente. Cuando hablaba ante un grupo de personas, generalmente sostenía un pedazo grande de tela bordada, mostrando el revés. Los hilos colgaban de cualquier manera, y no se podía ver qué era lo que se había bordado.

"Así es como se ven nuestras vidas muchas veces", decía. "Cuando me encontraba en el campo de concentración, parecía que no había otra cosa más que amargura y caos. Pero entonces busqué a Dios para que él le hiciera cobrar sentido a mi mundo" (a esta altura daba vuelta la tela, mostrándole a la audiencia una corona hermosamente bordada), "y por fin pude ver por qué él estaba añadiendo cierta hebra o cierto color, sin importar cuán dolorosas fueran las puntadas."

Como el recuerdo de una caminata a la luz de la luna, las descripciones vívidas prolongan su efecto mucho después que se han dicho. Cuando Adriana le envió la carta a su padre, ésta causó un impacto inmediato en su vida. Sin embargo, él nos dijo más tarde que fue el impacto perdurable (en la forma en que permaneció en su mente durante días y continuó llevándole a una convicción) lo que abrió una brecha en su corazón.

5. Las descripciones vívidas proveen una puerta hacia la intimidad.

Por más poderosas que sean estas cuatro razones para utilizar descripciones vívidas, la quinta las supera. Las descripciones vívidas abren la puerta a relaciones muy significativas e íntimas.

En casi todos los hogares, los problemas más graves surgen porque los hombres y las mujeres poseen maneras marcadamente diferentes de pensar y de hablar. Pero las descripciones vívidas emocionales ayudan a las parejas a encontrar un terreno común para comunicarse.

Una y otra vez hemos visto relaciones matrimoniales aburridas y frustrantes transformarse en relaciones vibrantes y mutuamente satisfactorias. Esto no sucede por arte de magia o sin un trabajo consecuente. Sucede porque las personas descubren la puerta hacia la intimidad a través del irresistible lenguaje del amor. En el siguiente capítulo te mostraremos cómo se puede lograr esto.

4

Abriendo la puerta hacia la intimidad

Hace algunos años, yo (Gary) me encontraba sentado conversando con una atractiva mujer que era evidente que sufría mucho. Mientras las lágrimas le corrían por las mejillas, entre sollozos me dijo: "He tratado de expresar lo que está mal en nuestro matrimonio, pero simplemente no puedo explicarlo. ¿De qué sirve que lo intente otra vez?"

Tras sólo cinco años de matrimonio, esta mujer casi había perdido la esperanza de experimentar una relación amorosa, saludable y duradera con su esposo. Como no estaba de acuerdo con el divorcio, se había resignado a vivir una vida que casi no le ofrecía ninguno de los sueños que una vez había anhelado.

Yo había escuchado esta clase de historia antes. Durante años, había aconsejado regularmente a esposos y esposas, dedicando incontables horas para hablar con ellos acerca de cómo mejorar sus relaciones. La diferencia era que ahora no me encontraba en mi oficina. Estaba sentado a la mesa de mi cocina, ¡y la mujer que estaba sentada frente a mí no era una de mis pacientes, sino mi esposa Norma!

Aquel día, tomé la decisión de entender qué era lo que estaba sucediendo, o lo que no estaba sucediendo, en mi matrimonio. Y también decidí encontrar las respuestas a varias preguntas importantes. ¿Por qué se sentía tan frustrada Norma en sus intentos de comunicarse conmigo? ¿Por qué me resultaba tan difícil compartir mis sentimientos con ella? ¿Por qué era tan difícil comprendernos el uno al otro, particularmente cuando hablábamos de temas importantes?

Aunque en aquel momento yo no lo comprendía, la respuesta a estas preguntas estaba, en gran parte, en nuestras mentes. Para que nuestra comunicación alcance niveles mucho más altos, es preciso entender por qué los hombres y las mujeres piensan y hablan de manera tan diferente. Las descripciones vívidas fueron el puente que se tendió sobre esas diferencias.

¿Alguna vez has intentado expresar un pensamiento o sentimiento importante a miembros del sexo opuesto, viéndolos reaccionar como si estuvieras hablando en chino? ¿Alguna vez te has preguntado: "Por qué él (o ella) no puede *sentir* lo que estoy diciendo"?

A través de toda la historia, a muchas mujeres les ha resultado difícil (¡algunas dicen que imposible!) comunicarse con los hombres. Y un número igual de hombres se han dado por vencidos tratando de conversar con las mujeres. Yo me metí en este problema en un viaje de compras con mi esposa, cuando ella y yo utilizábamos las mismas palabras, pero hablábamos diferentes idiomas.

"Coooooompras"

Luego de aquella conversación llena de lágrimas con mi esposa, decidí comprometerme de todo corazón a comprenderla y relacionarme con ella. Pero no sabía por dónde empezar.

De repente, tuve una idea por la cual estaba seguro de que me propondrían como candidato para Esposo del Año. Podía hacer con Norma algo que tuviera sabor a aventura, ¡como ir de compras! ¡Claro! A mi esposa le encanta ir de compras. Como nunca antes me había ofrecido a acompañarla en estos viajes, esto le demostraría cuánto me preocupaba por ella. Podía conseguir una niñera y luego llevaría a Norma a uno de sus lugares favoritos: ¡el centro comercial!

No estoy seguro de qué clase de cambios emocionales y fisiológicos se produjeron en el interior de mi esposa al escuchar las palabras "centro comercial", pero cuando le conté mi idea, fue evidente que sucedió algo dramático. Sus ojos se encendieron como un árbol de Navidad, y se estremeció de entusiasmo (la misma reacción que tengo yo cuando alguien me regala dos entradas para las finales del campeonato de fútbol).

Aquel sábado por la tarde, cuando Norma y yo salimos de compras juntos, choqué con una de las principales barreras que impiden que los hombres y las mujeres se comuniquen significativamente. Lo que descubrí, abrió de par en par la puerta para comprender a Norma y relacionarme con ella, y me llevó a buscar descripciones vívidas emocionales que me ayudaran. He aquí lo que sucedió:

Mientras nos dirigíamos hacia el centro comercial, Norma me dijo que necesitaba comprarse una blusa. Por lo tanto, después de estacionar el automóvil, nos dirigimos a la tienda de ropa más cercana. Allí, ella me mostró una blusa y me preguntó: —¿Qué te parece?

—Muy linda —le respondí—. Comprémosla.

Pero en realidad, yo estaba pensando: *¡Fantástico! Si se apura y compra esta blusa, estaremos de vuelta en casa a tiempo para ver por televisión el partido de fútbol.*

Luego tomó otra blusa y me preguntó: —¿Qué te parece esta otra?

—También es muy bonita —le dije—. Compra cualquiera de las dos. No; mejor compra las dos.

Pero después de mirar un montón de blusas, salimos de la tienda con las manos vacías. Luego fuimos a otra tienda, y ella hizo lo mismo. Y luego fuimos a otra, y a otra, ¡y a otra!

A medida que entrábamos y salíamos de todas esas tiendas, mi ansiedad aumentaba. Inclusive me asaltó el pensamiento: *No sólo perderé el primer tiempo del partido, sino todo el partido.*

Después de mirar lo que parecieron cientos de blusas, puedo decirles que estaba comenzando a perder la calma. Al paso que íbamos, me perdería todo el partido. Y fue entonces cuando sucedió.

En lugar de buscar una blusa en la siguiente tienda a la que entramos, tomó un vestido de la talla de mi hija. —¿Qué te parece este vestido para Kari? —me preguntó.

Esto terminó de sacarme de mis casillas, mi voluntad se

quebrantó y estallé diciendo: —¿Qué pienso de un vestido para Kari? Estamos aquí para comprar una blusa para ti, no un vestido para Kari.

Como si esto fuera poco, salimos del negocio sin comprar nada, ¡y luego me preguntó si podíamos detenernos a tomar un café! Ya hacía sesenta y siete minutos que estábamos en el centro comercial, lo cual rompió mi récord de paciencia previo de *media hora*. No podía creerlo, ¡en verdad ella tenía el valor de pedirme que fuéramos a tomar un café para conversar acerca de la vida de nuestros hijos!

Aquella noche, comencé a comprender una diferencia común entre los hombres y las mujeres. Yo no había salido a comprar blusas, ¡yo estaba *cazando* blusas! Yo deseaba conquistar la blusa, ponerla dentro de una bolsa y luego volver a casa donde me esperaban cosas importantes tales como el partido de fútbol del sábado por la tarde.

Mi esposa, en cambio, consideraba las compras desde un punto de vista totalmente opuesto. Para ella, significaba mucho más que comprar simplemente una blusa. Era una manera de dedicar algún tiempo para conversar, mientras disfrutaba de varias horas sin los niños y sin el partido de fútbol.

Como la mayoría de los hombres, yo pensaba que una visita al centro comercial significaba salir de compras. ¡Pero para mi esposa significaba salir de coooooompras!

Durante los siguientes días, pensé una y otra vez en nuestra experiencia en el centro comercial y en mi compromiso de comunicarme mejor con ella. Al reflexionar acerca de aquella tarde, me di cuenta de que yo había pasado por alto algo importante.

Para mí no es nada nuevo que existan peluquerías unisex, ropas unisex, y dormitorios mixtos en las universidades. Sin embargo, en el ajetreo por la igualdad de los sexos, yo había pasado por alto un aspecto importante de la sana relación entre hombres y mujeres: reconocer y valorar las diferencias innatas que existen entre ambos.

Por supuesto, las diferencias típicas entre los hombres y las mujeres no se aplican a todas las relaciones.[1] En quince por ciento de los hogares, el hombre puede mostrar más tendencias "típicamente" femeninas cuando se trata de estilos de comunicación, y viceversa. Esto sucede a menudo con los hombres y las mujeres que son zurdos.[2] Sin embargo, los estilos femeninos y masculinos predominan, aun en los hogares en donde los papeles típicos de comunicación están intercambiados. En realidad, virtualmente todas las relaciones en las cuales los papeles están intercambiados, experimentan tantas diferencias como la pareja más estereotipada.

Teniendo esto en mente, examinemos varias maneras importantes en que los hombres y las mujeres generalmente difieren en el campo de las comunicaciones. Hemos visto muchas de dichas maneras merodeando en nuestra casa, y lo más probable es que tú las hayas visto también en tu hogar. Es interesante que son las mismas que los fisiólogos han descubierto como comunes entre los sexos.

Los pichones de buitre son diferentes, ¿no es cierto?

En nuestro hogar, tenemos nuestra propia versión de "La lucha de los sexos". De un lado están Norma y nuestra hija mayor, Kari. Del otro lado estoy yo, "el gran jefe", y nuestros dos hijos, Greg y Michael.

Norma y yo podemos testificar ante una corte que no les hemos lavado el cerebro a nuestros hijos para que adopten cualidades y reacciones femeninas y masculinas; pero desde el primer momento en que dieron señales de vida, ellos demostraron las diferencias que existen entre los sexos. Todo comenzó con la cantidad de *ruido* que hacían los varones y con la cantidad de *palabras* que provenían de nuestra hija a la misma edad.

Ventaja en la comunicación

Los investigadores han descubierto que desde los primeros años de vida, las niñas hablan más que los niños.[3] Un estudio demostró que aun en las salas de recién nacidos de los hospitales, las niñas hacen más movimientos con la boca que los niños.[4] Esta propensión crece con el paso de los años, dándoles ventaja a las mujeres en la comunicación significativa.

En nuestro hogar, Norma notó lo mismo que descubrió el Programa Preescolar de la Universidad de Harvard en su investigación con respecto a las diferencias de comunicación entre los sexos.[5] Después de instalar micrófonos para captar los sonidos en un patio de recreo, los investigadores estudiaron todos los ruidos provenientes de las bocas de varios cientos de niños y niñas preescolares.

Los investigadores descubrieron que cien por ciento de los sonidos que provenían de las bocas de las niñas eran palabras audibles y que se podían entender. Las niñas pasaban gran parte del tiempo hablando con los otros niños, ¡y casi el mismo tiempo hablando consigo mismas!

En lo que respecta a los niños, ¡sólo sesenta y ocho por ciento de sus sonidos eran palabras! El resto eran sonidos monosílabos tales como "ah" o "mmmm", o sonidos onomatopéyicos como "¡Rrrrummm!", "¡Buuuummm!" y "¡Pummm!"

Norma se sintió aliviada al descubrir que la propensión que tenían los varones de nuestra familia a gritar y gruñir era producto de la genética y no del ambiente. Y después de veintitantos años de hacerme preguntas y recibir respuestas monosilábicas tales como "ah" y "mmmm", ¡ella afirma que esta incapacidad para comunicarse con frases comprensibles permanece a lo largo de toda la vida del varón!

Los muchachos, claramente tienen más dificultades para comunicarse que las jovencitas. Los maestros de enseñanza especializada saben que de cada diez problemas patológicos en el habla, nueve pertenecen al sexo masculino.

¿Y qué diremos de nosotros, los adultos? Seguramente piensas que un hombre adulto puede estar a la altura de su esposa en lo que se refiere a habilidades en la comunicación. ¡Escucha esto! Los estudios han demostrado algo que Norma y yo hemos observado durante años en nuestra relación. Si consideramos la cantidad de palabras que cada uno de nosotros utiliza, el total de Norma es muy superior al mío. Se ha descubierto que en promedio, el hombre dice aproximadamente 12.500 palabras por día. En cambio, la mujer promedio habla más de 25.000.[6]

En nuestro matrimonio, esto significa que cuando yo regreso del trabajo, ya he utilizado mi cuota de 12.500 palabras, ¡mientras que Norma recién está en la etapa de precalentamiento! Me han pagado para hablar durante todo el día. No deseo regresar a casa para tener que hablar toda la noche. Deseo descansar frente al televisor.

Norma no solamente me deja atrás en lo que respecta al número de palabras, sino que cuando hablamos, parecería que tomáramos dos rumbos diferentes. Permíteme ilustrar lo que quiero decir.

Para la mayoría de los hombres, los "hechos" forman una parte principal de la conversación. Por ejemplo, cuando Norma me salía al encuentro en la puerta, generalmente me decía: "¿Podemos conversar esta noche?"

Mi primera respuesta era: "¿Acerca de qué?" La mayor parte de los esposos, al igual que un detective, desean que les digan los hechos, y solamente los hechos. Por cierto, cuando el hombre no tiene más hechos para comunicar, deja de hablar.

Durante años, Norma anheló descubrir mis sentimientos más profundos, especialmente cuando nos enfrentábamos a una decisión importante. Pero una y otra vez, cuando la conversación se alejaba de los hechos concretos, yo me cerraba como una ostra o cambiaba el tema.

Como la mayoría de las mujeres, Norma estaba mucho más en contacto con sus emociones que lo que yo estaba con las mías. Yo me destacaba en expresar cómo debían ser las cosas, pero mis sentimientos profundos eran territorio desconocido. La diferencia se evidenciaba en nuestro constante fracaso en lo referente a conversaciones significativas.

¡Diferencias, diferencias, diferencias! ¿Por qué parecería que la naturaleza les ha dado a las mujeres semejante ventaja en la comunicación personal y en las relaciones íntimas?

¿Tienen daño cerebral los hombres?

Desde el huerto del Edén, cuando Eva necesitó más hojas de higuera para cubrirse que Adán, ha sido claro que los hombres y las mujeres son distintos físicamente. Sin embargo, sólo recientemente se ha descubierto que ambos poseen patrones de pensamiento totalmente diferentes.

El doctor Frank Duffy del Hospital de Niños de Boston, descubrió variaciones sexuales en los cerebros de los monos, de los pájaros, de las ratas y de los niños. El grabó la actividad del cerebro de niños y niñas dentro del vientre materno y descubrió que aun su longitud de ondas es diferente.[7]

Específicamente, los estudios médicos han demostrado que entre la decimoctava semana de embarazo y la vigésimosexta, sucede algo que separa para siempre a los sexos.[8] Utilizando monitores de color sensibles al calor, los investigadores han observado un torrente químico de testosterona y de otras hormonas relacionadas con el sexo, inundando el cerebro del feto masculino. Esto produce cambios que nunca suceden en el cerebro de una niña. He aquí la explicación de un laico acerca de qué es lo que sucede cuando esos componentes químicos afectan el sistema del niño.

El cerebro humano se encuentra dividido en dos mitades o hemisferios, conectados por un tejido fibroso llamado *cuerpo calloso*.[9] Las hormonas y los componentes químicos que invaden el cerebro de un feto masculino hacen que el hemisferio derecho se contraiga levemente, destruyendo algunas de las fibras conectivas. Uno de los resultados es que, en la mayoría de los casos, el niño comienza su vida orientado mayormente por el lado izquierdo del cerebro.

Como las niñas no experimentan esta invasión química, comienzan la vida usando los dos hemisferios en igual proporción, y esto se refleja en su manera de pensar. Y mientras que los impulsos eléctricos y los mensajes van de un lado al otro en el cerebro del bebé varón, esos mismos mensajes pueden llegar más rápidamente y con menos obstáculos en el cerebro de las niñas.

Es probable que estés pensando: *¿Quiere decir esto que los hombres nacen con daño cerebral?*

Bueno, no exactamente. Lo que sucede en el útero simplemente pone las bases para que los hombres y las mujeres se "especialicen" en dos maneras diferentes de pensar. Y ésta es una de las razones por las cuales los hombres y las mujeres se necesitan tanto mutuamente.

El hemisferio izquierdo del cerebro aloja los centros de pensamiento más lógicos, analíticos y agresivos. Es el hemisferio cerebral que la mayoría de los hombres usan durante la mayor parte de sus horas de actividad. Es lo que hace que el hombre disfrute manejando mil kilómetros por día cuando sale de vacaciones con su familia; favorece las fórmulas matemáticas en lugar de favorecer las novelas románticas; almacena la definición del diccionario de la palabra amor; y generalmente favorece el pensamiento analítico, que dice que todo es blanco o negro.[10] Es esta tendencia del cerebro masculino la que no puede esperar para comprar el último ejemplar de *Mecánica Popular*, memoriza la cantidad de asaltos y de puntos del boxeo, y le encanta sentarse durante horas a mirar los partidos de fútbol y a gritarles a los árbitros.

Por el contrario, la mayoría de las mujeres pasan la mayor parte de sus días y de sus noches usando el hemisferio derecho de su cerebro. Es el hemisferio que contiene el centro de los sentimientos, así como las habilidades primarias para comunicarse y relacionarse; las capacita para realizar trabajos minuciosos; enciende la imaginación; y hace que una tarde dedicada al arte y a la buena música se pueda disfrutar.[11] Este lado del cerebro es el que hace que se detengan en los monumentos históricos, que casi no les interesen los partidos de fútbol o de hockey (a menos que conozcan personalmente a los jugadores o a sus esposas), y es el que almacena y expresa los sentimientos de amor, no simplemente la definición. También es responsable de que ellas prefieran leer *Epoca* en lugar de *Mecánica Popular*, porque tiene que ver con las personas y sus relaciones.

"Allí hay un negocio donde venden refrescos"
Estas diferencias mentales se hacían dolorosamente evidentes cuando salíamos de vacaciones en el automóvil. Yo, junto con mi gran hemisferio cerebral izquierdo, tenía planeado el viaje como si estuviera corriendo las 500 millas de Indianápolis. Yo sabía que debíamos estar en *camino* cada mañana no más tarde de las 8, y viajar *exactamente* 778 kilómetros por día. Y basándome en el consumo de combustible de mi automóvil, también tenía calculado dónde nos detendríamos para abastecernos de gasolina. Estaba decidido a no permitir que nada se interpusiera en mi camino. Me desviaría de mi plan sólo cuando fuera absolutamente necesario.
El primer aviso de que mis metas estaban en peligro llegó cuando sentí que Kari le daba puntapiés al respaldo de mi asiento.
—¡Basta ya! —le dije, con los ojos pegados al automóvil que estaba intentando pasar. Aquel día ya había pasado a unos cincuenta, y me sentía como John Wayne galopando hacia el fuerte.
—Tengo que ir al baño.
—Tendrás que esperar —le contesté, echando un vistazo al auto que dejaba atrás a través del espejo retrovisor, luego al odómetro, y luego al mapa—. Nos podemos detener en la próxima ciudad.
—¡Pero, Papá!
—Sólo cincuenta kilómetros más.
Cinco minutos después, los muchachos comenzaron a quejarse

de que se estaban muriendo de hambre.

—Tengo tanta hambre que me duele el estómago —se quejaba Mike, nuestro hijo menor—. ¡Ooooohhhh! ¡Aaaahhhh! ¡Papá, mi estómago!

—¡Mami, ya ha pasado la hora del almuerzo y Papá no quiere detenerse! —dijo Greg buscando la ayuda de alguien con más autoridad que él.

—¡No puedo esperar más! —gritó Kari, dándole puntapiés a mi asiento.

—Deja de darle puntapiés a mi asiento —le dije—. Sólo faltan treinta kilómetros.

Norma, mirándome como si yo fuera un guardia de una prisión, señaló un cartel mientras viajábamos a toda velocidad. Y luego con toda calma y con el esbozo de una sonrisa, utilizando cada gramo de su hemisferio cerebral derecho, dijo: —Allí hay un negocio donde venden refrescos.

En nuestra familia, decir la palabra "refrescos" es como gritarles: "Oasis a la vista" a personas que están muriéndose de sed. Yo no tuve que tomar la decisión, ya la habían tomado por mí: tuve que salir en la siguiente salida de la carretera. Mi único consuelo fue que ese negocio era "de tres estrellas". Esto quiere decir que allí se podían matar tres pájaros de un tiro: había baños, gasolina y comida.

Prácticamente antes que el auto se detuviera, yo ya había saltado para ponerle gasolina al automóvil. Ansiosamente envié a los niños a los baños y a Norma al restaurante.

—¡Por favor, dense prisa! —grité mirando como toda una fila de automóviles pasaban zumbando (vehículos que yo había pasado algunos minutos antes)—. ¡Debemos volver a la carretera para *alcanzar* a esos automóviles!

Probablemente ahora puedes comenzar a comprender por qué resulta tan difícil la comunicación en el matrimonio. Debido a la afluencia de elementos químicos que han recibido, los hombres tienden a favorecer el hemisferio izquierdo de sus cerebros. Y las mujeres, que nunca han recibido estos elementos, tienen mayor acceso a los dos hemisferios del cerebro.

Hay ciertos beneficios como resultado de pasar mucho tiempo en el mundo del lado izquierdo del cerebro. La decisión que se necesita para comenzar un proyecto de gran envergadura, y la autodisciplina necesaria para terminarlo, se generan en el hemisferio izquierdo. Las habilidades del hemisferio izquierdo ayudan a arreglar cañerías que gotean y a reparar artefactos eléctricos. Esta parte del cerebro le recuerda al hombre que el último ejemplar de *Mecánica Popular* ya está a la venta. Pero no se esfuerza por recordarle la profunda necesidad que tiene su esposa de una comunicación significativa, que utilice el hemisferio cerebral derecho.

Los esposos que quieran disfrutar de una relación profunda con sus esposas y sus hijos deben entrar al mundo del hemisferio derecho del cerebro. Las esposas y las hijas pasan la mayor parte de su tiempo en este mundo; y nosotros debemos enseñarles a nuestros hijos varones a disfrutar de este mundo, para que cuando eventualmente entren al matrimonio puedan comunicarse en forma efectiva. Y la mayoría de los niños necesitan este entrenamiento, tal como lo evidencia el "síndrome del asiento trasero", que se manifiesta en nuestros hijos varones durante cada vacación.

Mientras estamos en la carretera, escuchando la conversación sin pausa de nuestra hija durante una hora, Norma o yo solemos decir: "Bien, Kari, es hora de que dejemos hablar a los muchachos. Muchachos, es su turno." Cuando Kari se queda en silencio, nos encontramos con . . . el silencio. Por lo tanto Kari comienza a hablar nuevamente.

Al igual que los muchachos, yo todavía no puedo alcanzar a Norma y a Kari en la cantidad de palabras que dicen. Y quedan algunos "misterios" en lo que respecta a la manera en que Norma y yo nos comprendemos. Pero el hecho de que las damas en nuestro hogar tengan una ventaja natural en la comunicación, ya no nos lleva a la frustración. En todo caso, estamos aprendiendo de ellas.

Para que los hombres y las mujeres se comuniquen efectivamente, se necesita tanto *conocimiento* como *destreza*. Hasta ahora nos hemos concentrado en el primero, desarrollando el conocimiento acerca de la importancia de la comunicación y de qué manera los patrones de pensamiento innatos del hombre y de la mujer pueden producir cortocircuitos en la comprensión. ¿Pero qué podemos decir de la destreza?

Existe una manera en la que el hombre puede acrecentar, y la mujer multiplicar, su destreza comunicativa en una forma instantánea. Utilizando las poderosas descripciones vívidas emocionales para abrir su hemisferio cerebral derecho, un hombre puede trasladarse más allá de los "hechos" y comenzar a lograr una total comunicación con una mujer. Esta misma destreza no solamente ayudará a una mujer a conseguir que un hombre "sienta" sus palabras al tiempo que las "escucha", sino que también acrecentará sus habilidades innatas para relacionarse.

Años atrás, Norma me demostró este punto. Ella ilustró una preocupación de tal manera que sus palabras pasaron inmediatamente de mi mente a mi corazón.

Añade sentimientos a los hechos

Cuando me encontraba escribiendo el libro *La llave al corazón de tu hijo*, le pregunté a Norma si ella podría escribir uno de los capítulos. Se trataba de una sección que trataba sobre uno de sus lados fuertes, así que yo pensé que el proyecto sería una experiencia fácil y placentera para ella. Pero me equivoqué.

Pasaban los días y se acercaba el momento en que Norma debería tener listo el capítulo, pero ella ni siquiera había comenzado a escribirlo. Varias veces trató de decirme lo pesada que era la carga de este proyecto, pero yo siempre hacía girar la conversación volviendo a los "hechos".

Decidí que había llegado el momento de motivarla. Le dije que escribir un libro no era nada del otro mundo. Le señalé que ella escribía excelentes cartas. Debería pensar en ese capítulo simplemente como una carta más dirigida a miles de personas que jamás había conocido. Y lo que era más aún, le aseguré que como editor veterano, personalmente criticaría cada página y señalaría hasta el menor error. Pensé para mis adentros: *¡Esto sí que es motivación!*

Las apelaciones emocionales de su hemisferio cerebral derecho pidiendo abandonar esa tarea me impactaron muy poco, porque yo estaba armado con los hechos. Pero el razonamiento de mi cerebro izquierdo tampoco la impresionó a ella. Intercambiábamos palabras como si estuviéramos cambiando propiedades en el juego de Monopolio. Francamente, deberíamos haber ahorrado la saliva. Estuvimos en total desacuerdo hasta que mi esposa, en desesperación, me dijo la siguiente descripción vívida.

—Sé que no te das cuenta, Gary, pero me estás agotando emocional y físicamente —me dijo.

—¿Quién, yo?

—Hablemos en serio por un momento. Hace ya varios días que no me siento con energías. Sé que no te gustará que toque este tema, pero . . . .

—¿No gustarme? ¿A mí? —le dije, tratando de tomar las cosas a la ligera—. Si lo que yo hago te deja sin energías, dímelo; no hay problema.

—¿Ves aquellas montañas en la distancia? —me preguntó, señalando a través de la ventana—. Todos los días me siento como si tuviera que escalarlas, llevando una mochila que pesa quince kilos. En medio de la alimentación de los niños, del cuidado de sus ropas, mandarlos a la escuela, llevarlos a sus prácticas de deportes y hacerme cargo del trabajo de nuestra oficina, apenas me queda energía para caminar. Ahora bien, no me malinterpretes. Me preocupo por estar en forma, y me encanta subir esas montañas todos los días; pero tú estás haciendo algo que es como pedirme que escale el monte Squaw todos los días, además de escalar esas montañas.

—¿En verdad yo hago eso? —dije meditando en sus palabras.

Algunos meses atrás yo había escalado el monte Squaw, una hermosa montaña que queda cerca de nuestra casa, y sabía de primera mano lo difícil que era hacerlo. Mis pensamientos iban a la velocidad del sonido para determinar adónde quería llegar Norma con esa conversación.

—Bien, me rindo —le dije finalmente—. ¿Qué es lo que estoy haciendo que te obliga a escalar el monte Squaw?

—Añadiste ese monte a mis actividades diarias cuando me pediste que escribiera ese capítulo para tu libro. Para ti, llevar una mochila de quince kilos no es nada. Pero para mí, el peso de mis responsabilidades diarias me demanda toda la energía que tengo. Querido, simplemente no puedo añadir otro peso, subir las montañas y también escalar el monte Squaw.

De repente, todo lo que me había estado diciendo anteriormente estaba claro. Para mí, escribir un capítulo no hubiera añadido un peso extra a mi mochila, ni hubiera ocasionado una mayor inclinación en las montañas que escalo todos los días. Pero por primera vez, pude *sentir* la tensión que sin saberlo le había impuesto a mi esposa.

—Si el escribir ese capítulo es lo que te produce tensión, no deseo que lo hagas —le dije sin dudarlo un momento—. Aprecio lo que haces y no deseo recargarte de trabajo. Tú eres demasiado valiosa para mí.

Después de esa conversación, fue como si una nube se levantara de nuestra relación. Pero me quedé perplejo a la mañana siguiente cuando bajé a tomar el desayuno. Norma estaba en el escritorio de la cocina escribiendo a toda velocidad.

—¿Qué estás haciendo? —le pregunté confundido.

—Estoy escribiendo mi capítulo.

—¿Estás escribiendo qué? Pensé que dijiste que era como escalar el monte Squaw.

—Lo era —me contestó ella—. Cuando sabía que tenía que escribirlo sentía una tremenda presión. Pero ahora que no *tengo* que hacerlo, ¡tengo deseos de escribir!

El puente que salva la distancia en la comunicación
No estamos afirmando que las descripciones vívidas te ayudarán a entender *todas* las diferencias que existen entre los hombres y las mujeres. Lo que sí te ayudarán es a tender un puente que salve la distancia natural que existe en la comunicación, y a comprender mejor lo que la otra persona está diciendo.

Como mencioné anteriormente, existen dos maneras principales en las que pensamos sobre la información y la recordamos. La primera está relacionada con el hemisferio izquierdo del cerebro. Es el canal por medio del cual se almacenan las palabras literales y los datos concretos de una conversación. Dado que los hombres usan principalmente el hemisferio izquierdo del cerebro, generalmente se concentran en las palabras que se dicen y no captan las emociones subyacentes.

Eso fue exactamente lo que sucedió cuando mi esposa me expresó por primera vez su preocupación acerca de escribir ese capítulo. Yo no pude leer entre líneas. Esta no es una falta mía únicamente. Algo similar le sucedió a una pareja que conozco, y escenas como ésta probablemente ocurren en casi todos los hogares.

Había sido un día particularmente difícil para Carmen, y todo lo que podía salir mal en la casa, había salido mal. En el momento en que su esposo atravesó la puerta de entrada, ella lo acosó con estas palabras: —José, tú nunca me ayudas con las tareas de la casa. Siempre tengo que sacar la basura y hacer todo lo demás. ¡Jamás haces nada para facilitarme las cosas!

Después de recibir el golpe de sus palabras emotivas, José le contestó con todo aplomo: —Fíjate, Carmen, ¿estás segura de que *nunca* te ayudo? ¿Y que *siempre* eres tú quien saca la basura? Yo la saqué ayer, y hace dos días corté el césped. Y qué me dices de la semana pasada cuando . . . .

Lo que José no comprendía (y lo que puede traer una tremenda frustración a la relación entre un esposo y una esposa) es que Carmen en realidad no estaba hablando acerca de si él sacaba o no la basura. Más bien, estaba expresando sus sentimientos acerca de cuánto necesitaba su apoyo en la casa. Pero como la mayoría de los hombres, José solamente escuchó las palabras literales de su esposa. Los sentimientos que se encontraban detrás de esas palabras, los que se anidan en la parte derecha del cerebro, le volaron por encima de la cabeza.

El hemisferio derecho del cerebro, que almacena la comunicación sin palabras y la emocional, también actúa como un radar detector. Capta el tono de voz que se utiliza en una conversación, así como también el mensaje emocional que existe en ella. Si Carmen hubiera utilizado una descripción vívida para transmitir su mensaje, le hubiera ayudado a José a *sentir* lo que ella realmente estaba diciendo.

Recuerda, en los adultos los cambios suceden cuando *experimentan* algo emocionalmente. Cuando en un principio Norma me dijo que no deseaba escribir ese capítulo para mi libro, sus palabras se registraron únicamente en el lado izquierdo de mi cerebro. Consecuentemente, tuvieron poco efecto. Pero cuando utilizó una descripción vívida, fue como si comenzara a hablar en color en lugar de hacerlo en blanco y negro. Inmediatamente pude ver los colores y las sombras de sus sentimientos, y como resultado, tanto mis acciones como mi actitud cambiaron.

Si una mujer espera verdaderamente tener una comunicación significativa con su esposo, *debe* activar el lado derecho del cerebro masculino. Y si un hombre desea comunicarse verdaderamente con su esposa, *debe* entrar al mundo de las emociones femeninas. En ambos casos, las descripciones vívidas pueden ser de tremenda ayuda.[12] De cierto, que a aquellos que aprenden la destreza de unir los dos hemisferios del cerebro, les espera un mundo de comunicación lleno de color. Las descripciones vívidas no eliminarán todas las diferencias entre los hombres y las mujeres, pero pueden capacitarnos para abrir la puerta hacia la intimidad.

¿Cómo empezamos?

Si últimamente no has ganado ningún premio por usar tu creatividad, es probable que te estés preguntando de qué manera puedes pintar descripciones vívidas efectivas. ¿Dónde puedes encontrarlas? ¿Cuándo es el mejor momento para usarlas en tus relaciones más importantes? Estas preguntas encontrarán sus respuestas en las páginas que siguen. Aprenderás los siete pasos para crear descripciones vívidas, junto con cuatro maneras de usarlas más efectivamente en las conversaciones cotidianas.

También te guiaremos a cuatro fuentes inagotables de las cuales podrás sacar descripciones vívidas que obtengan un mejor resultado en una situación específica, y te mostraremos cómo aplicarlas para que produzcan una diferencia inmediata en tu vida matrimonial y familiar. Si estás buscando más material para mejorar tu comunicación, al final de este libro encontrarás un tesoro de más de cien descripciones vívidas que puedes usar en el hogar, en el trabajo, con amigos o en la iglesia.

Las descripciones vívidas son el método más poderoso de comunicación que conocemos. Sin embargo, cuando se trata de este lenguaje del amor, existen personas que se rehúsan a escucharlo y que no pueden devolver amor. En un capítulo más adelante, explicaremos por qué algunas personas se resisten a cualquier intento de comunicación significativa. También veremos cómo esas mismas personas muchas veces usan el poder de las descripciones vívidas para herir, manipular y controlar.[13] Pero gracias a Dios, la mayoría de las personas no se encuentran en esta categoría de gente difícil de alcanzar. La mayor parte de los hombres y las mujeres están abiertos al cambio y a la intimidad, particularmente cuando se les habla de una manera que va directamente al corazón.

Al comenzar el siguiente capítulo, empezarás a aprender cómo comunicarte con tal poder. Y tus relaciones nunca volverán a ser las mismas.

¿DE QUE MANERA CREO UNA DESCRIPCION VIVIDA?

5

Cómo crear una descripción vívida emocional efectiva Parte I

Cuando se trata de cocinar, la mayoría de los hombres actúan como si ellos estuvieran por encima de las instrucciones escritas. No me gusta admitirlo, pero yo (John) entro en esa categoría. Básicamente, me parece que seguir una receta es una señal de debilidad.

En mis pocas aventuras en la cocina, he transformado los ajíes picantes en granadas de mano, lo cual obligó a Cindy, mi esposa, y a Kari Lorraine, mi hija, a precipitarse hacia el grifo para tomar litros y litros de agua. He hecho algunas sustituciones increíbles en la cocina. Una vez utilicé la mantequilla de maní para unir la carne molida de un pastel de carne.

A pesar de mi creatividad culinaria, la mayoría de mis hazañas han causado pequeños daños tales como quemar alguna olla o producir un poco de acidez estomacal, pero hace algunos años casi destruí todo un complejo de apartamentos por no seguir una receta.

Era el día de Acción de Gracias, y mis compañeros de la universidad y yo estábamos pasando aquel día feriado en nuestro apartamento. Como no íbamos a estar con nuestras familias, invitamos a un grupo de amigos para disfrutar de una fiesta con comida casera.

Cuando se acercaba el día, preparamos una lista de compras tan larga que casi vaciamos el almacén local, y comenzamos a prepararnos para nuestra suntuosa comida. Desde el comienzo, yo debería haber sabido que estábamos en aprietos, cuando mi compañero no pudo darse cuenta de cómo se utilizaba el abrelatas eléctrico. Pero el daño que le provocó a la lata fue poco comparado con lo que yo le hice al pavo.

Considera los hechos. Yo sabía que al menos mi coeficiente intelectual concordaba con mi edad. (Mi entrenador de lucha me lo repetía una y otra vez.) Por lo menos, yo sabía que era más inteligente que el pavo que iba a cocinar. Por lo tanto, ¿para qué perder el tiempo leyendo las instrucciones sobre cómo prepararlo?

Yo había elegido un ave gigantesca, que se parecía más a un pequeño avestruz que a un pavo. Al quitar el envoltorio, encontré una bolsita llena de cosas desagradables dentro de la cavidad abdominal. Estuve pensando si la sacaba o no, pero finalmente supuse que el carnicero la habría puesto allí para darle sabor. Por lo tanto la dejé.

El siguiente paso era aderezar el pavo. Había visto a mi madre frotar los pavos con aceite de maní para darles ese color dorado. Entonces, naturalmente, planeé hacer lo mismo con mi obra de arte. Lo más cercano que encontré fue el aceite para bisagras, pero fui lo suficientemente listo como para no utilizarlo. De todas maneras, no hubiera alcanzado. Entonces coloqué una hoja de papel de aluminio debajo del pavo. No me había olvidado de precalentar el horno. En realidad, lo había puesto al máximo casi una hora antes para asegurarme de que estuviera lo suficientemente caliente.

Lo siguiente en mi larga lista de errores fue poner mi enorme pavo directamente sobre la parrilla metálica del horno, sin asadera ni recipiente alguno. No había nada que retuviera la grasa. Simplemente un delgado papel de aluminio separaba esa inmensa ave de los elementos que proveen el calor, que se encontraban a pocos centímetros en la parte inferior del horno.

A pesar de que ya había hecho suficiente desastre, mi error

más catastrófico fue decidir que tenía tiempo de más para ir a buscar a unos amigos que estaban invitados a nuestra fiesta. Salí caminando hacia mi automóvil con paso decidido, lleno de orgullo porque podría rescatar a dos "huérfanos" de la comida de la cafetería.

Manejé lentamente durante veinticinco minutos hasta llegar a su casa sin incidente alguno, y dediqué el viaje de regreso a alardear delante de mi atenta audiencia, acerca de la comida que les aguardaba. Pero al dar la vuelta a la esquina para llegar finalmente a nuestra "sala de banquete", pude ver las intermitentes luces rojas de varios camiones de bomberos frente a nuestro edificio de apartamentos.

—¡Grandioso! —les dije—. Vayamos a ver quién fue el idiota que prendió fuego a su apartamento.

Pronto descubrí que el idiota era yo. El humo negro salía por la puerta de nuestro apartamento, a la que los bomberos habían convertido en astillas con sus hachas. Como si eso fuera poco, arrastraron hacia afuera lo que quedaba de mi carbonizado pavo, lo arrojaron en el césped y le echaron agua con una de sus mangueras.

Tragándome el orgullo, conduje a mis compañeros y a nuestros invitados a una cafetería local para nuestra comida de Acción de Gracias. ¡Qué experiencia tan humillante!

Aquel día de Acción de Gracias fue uno de los momentos más embarazosos de mi vida, pero ilustra un punto importante: No deseamos que tu primer intento de utilizar las descripciones vívidas arda en llamas. Sabemos que algunos de ustedes están tan ansiosos por usar este método de comunicación, que están listos para "meter el pavo en el horno" sin leer las instrucciones. Pero para que no tengas que volver a pintar tu relación después de los daños producidos por el fuego y el humo, será mejor que sigas cada uno de los pasos que te presentamos a continuación.

No es lo mejor, pero es bueno

Nos encantaría sentarnos contigo a la mesa de tu cocina, bebiendo una taza de café, para ayudarte a crear una descripción vívida. Sin embargo, como existen muy pocas posibilidades de que podamos hacerlo, haremos algo que también es bueno. Te mostraremos, paso a paso, cómo crear una descripción vívida que se ajuste exactamente a tus necesidades. Lo haremos examinando una de las historias de más éxito del mundo, ¡la misma que generó la idea de escribir este libro!

Siete pasos para crear una descripción vívida emocional

1. Establece un propósito claro
Para crear descripciones vívidas efectivas, debes comenzar con un paso preparatorio muy importante: decidir de qué manera deseas enriquecer tu relación. ¿Qué deseas que hagan tus palabras?
A. Que aclaren pensamientos y sentimientos.
B. Que te lleven a un nivel más profundo de intimidad.
C. Que alaben o alienten a alguien.
D. Que corrijan con amor a una persona.
Tener un propósito claro en la mente es como hacer una lista de los comestibles que necesitas antes de salir de compras. La lista te garantizará que volverás a casa con lo que necesitas. En otras palabras, disparar un revólver sin afinar la puntería puede dar resultados en las películas, pero en la vida real irremediablemente errarás al blanco.

¿Por qué no te tomas un momento ahora mismo y piensas en algún punto importante que desearías comunicarle a alguien? ¿Cuál de las cuatro razones te ayudaría más para enviar tu mensaje? Para ilustrar la necesidad de tener un propósito claro en la mente, echemos un vistazo a una historia que nos muestra cómo cambió una vida.

Las descripciones vívidas pueden ayudarte
a aclarar pensamientos y sentimientos,
a moverte en un nivel más profundo de intimidad,
a elogiar o alentar a alguien, o
a corregir con amor a una persona.

¿Te gustaría ser consejero de un rey, alguien a quien se le ha pedido que confronte a un rey guerrero, particularmente teniendo en cuenta que recientemente ha tratado de encubrir una aventura amorosa y un asesinato? En nuestros días, las personas que sacan a la luz "Watergates" son recompensadas con contratos literarios y fílmicos. Sin embargo, en los días de este consejero, sacar a la luz la verdad implicaba que te mataran. No conocemos ninguna descripción vívida que demuestre mejor el poder que tienen las mismas para cambiar el corazón de una persona, que la historia de este antiguo rey.[1]

Resolviendo un problema de enormes proporciones

Una vez existió un joven pastorcito llamado David, que fue elegido para ser un futuro rey.[2] Como pastor de sus rebaños, algunas veces tuvo que ahuyentar animales salvajes e inclusive tuvo que exponer su vida para salvar a alguna de sus ovejas. Pero aquellos años que pasó pastoreando a las ovejas, le ayudaron a desarrollar muchas de las cualidades que más tarde necesitaría para gobernar a una gran nación.

Cuando David ascendió finalmente al trono, era conocido en todo el mundo como un guerrero valiente que condujo a sus ejércitos a incontables victorias.[3] Durante los primeros años de su reinado mantuvo el corazón de pastor, pero a medida que su fama aumentó, comenzó a andar al borde del peligroso precipicio del poder. Todo lo que él deseaba estaba al alcance de su mano.[4]

Fue durante ese tiempo, cuando su corazón de pastor se había enfriado, que caminó por la terraza de su palacio contemplando la ciudad y todo lo que estaba bajo su control. Cuando el sol se estaba poniendo y una refrescante brisa descendía de las montañas, sus ojos repentinamente fueron atraídos por el reflejo de una terraza más abajo. Eran los últimos rayos del sol que brillaban sobre una piscina. Al mirar más detenidamente, se dio cuenta de que el reflejo se formaba por el movimiento de las aguas mientras una mujer se bañaba.

Se trasladó a un sitio de mejor visibilidad, y desde allí miró a la hermosa mujer. El pulso se le aceleró y comenzó a respirar de manera entrecortada. Entonces, cuando la lujuria le ayudó a concebir un plan, envió a los guardias para que trajeran a aquella mujer al palacio. En poco tiempo, David supo que esa atractiva mujer, llamada Betsabé, era la esposa de uno de sus oficiales que se encontraba en el campo de batalla.

Sin embargo, eso no detuvo a David. Su mente no estaba en una lejana batalla sino en una conquista que tenía al alcance de la mano. Por lo tanto, la hizo llevar a sus habitaciones privadas para pasar una noche de pasión prohibida.

A la mañana siguiente, envió a su entretenimiento nocturno de vuelta a su casa. Todo nos indica que el rey deseaba que ese encuentro fuera la aventura de una sola noche, una acción que pudiera barrer debajo de la alfombra de su fría conciencia. Pero varias semanas después, la joven mujer le envió un mensaje privado al rey. Estaba esperando un hijo de él.

Durante los primeros años de su reinado, el rey David se había destacado como un hombre justo; pero para ese entonces, su primer error pareció justificar el siguiente. Probablemente tuvo temor de perder el poder si la gente se enteraba de ese escándalo. Todo lo que sabemos es que en lugar de reconocer lo que había hecho, su oscuro corazón preparó otro plan siniestro.

Envió a que buscaran al esposo de la mujer, que se encontraba en la batalla, para que lo trajeran a su casa a tomar un merecido descanso. David estaba seguro de que ese soldado, como cualquier hombre normal, después de haber estado lejos de su hermosa esposa durante meses, pasaría su primera noche en casa en los brazos del amor.

Pero el esposo de Betsabé estaba muy por encima de cualquier hombre normal. Como los hombres que él comandaba todavía estaban en el campo de batalla, lejos de sus esposas y de sus familias, él se rehusó a gozar de los privilegios del matrimonio.

El rey se sorprendió al ver que la lealtad de ese hombre a sus tropas era más poderosa que sus pasiones. Su mente trató de crear un segundo plan, y se le ocurrió una idea cruel. Invitó a ese hombre a su palacio, lo embriagó, y luego lo envió a su casa. Sin embargo, una vez más, él se negó a entrar. Sabiendo que el vino debilitaría su resolución, durmió en los escalones de afuera de su casa. Aunque él no lo sabía, eso lo puso en tanto peligro como si estuviera en el campo de batalla. Al pasar otra noche separado de su esposa, ese hombre firmó su sentencia de muerte.

Habían pasado varias semanas desde que Betsabé le anunciara a David que estaba encinta, y en unas pocas semanas más su esposo estaría de vuelta de la guerra. Esa mujer, de esbelta figura, no podría ocultar el secreto por mucho tiempo más. Cada vez más desesperado, David se rebajó al máximo cuando maquinó un perverso plan que no podría fallar.

Mediante un despacho secreto, dio órdenes de que de nuevo enviaran a ese hombre al frente de la batalla. Entonces, siguiendo las órdenes específicas del rey, el comandante general hizo retroceder todas las tropas de apoyo para que ese soldado quedara solo frente al enemigo. El plan funcionó a la perfección. Sin protección y sin ningún compañero que estuviera a su lado, peleó con valentía hasta la muerte. Como un venado herido rodeado de lobos hambrientos, fue asesinado, estando solo.

Al haberse deshecho del esposo de Betsabé, el rey trajo a su amante al palacio para que fuera su nueva esposa. De un día para el otro, un delgado manto de legitimidad cubrió el oscuro secreto. Con el tiempo, los temores que David tenía de que lo descubrieran le abandonaron. Podía dormir mejor sabiendo que en el frente se habían registrado otras bajas, y que muchas de las viudas también se habían vuelto a casar. Deseaba desesperadamente que el general que había ejecutado su perversa sentencia guardara el secreto junto con su vida. Sin embargo, de alguna manera la verdad salió a la luz.

Palabras poderosas que traspasan el corazón
Mientras la conciencia del rey David había estado adormecida, un consejero de la corte llamado Natán recibió una orden divina. Debía confrontar a David con una descripción vívida emocional que cambiaría el curso de un reino y se haría eco a través de las edades.

—Majestad —comenzó diciendo este consejero, mientras se inclinaba en reverencia—, un serio problema de este reino ha llegado a mis oídos.

Después de escuchar docenas de informes diarios de otros consejeros, David repentinamente se despertó para prestar atención. Como la mayoría de los reyes, a él no le gustaban las sorpresas, particularmente las sorpresas serias que afectaran *su* reino.

—Señor, en tu reino vive una familia muy pobre, que con todos los recursos que tenían compraron una ovejita —comenzó diciendo, pesando cada palabra para que produjera un impacto emocional—. Y a medida que este animalito crecía, los niños se ocuparon de alimentarlo y de cuidarlo.

Natán continuó: —La ovejita se convirtió en una mascota especial y en una parte importante de ese hogar. Por cierto, estaban tan encariñados con esa ovejita que le permitían estar dentro de la casa. Por las noches, cuando soplaba el viento, le permitían también dormir con sus hijos para que ayudara a mantenerlos calentitos. David escuchaba con toda su atención. Natán continuó: —En esa ciudad vivía un hombre muy rico, quien una noche recibió unas visitas que no esperaba. Entonces se organizó la tradicional fiesta. Pero los pastores estaban lejos con los ganados, y la única carne que tenían a mano era la de unas cabras viejas que daban la leche, y eso no era apropiado para los visitantes. Fue entonces cuando ese terrateniente miró colina abajo, y vio a dos niños jugando con una hermosa ovejita —dijo el consejero haciendo una pausa en su relato.

—Bueno, continúa —le dijo el rey con impaciencia—. Termina tu historia.

—Sí, Majestad —dijo el consejero, haciendo una pausa deliberada—. Como estaba diciendo, el hombre. rico vio el animal y entonces tuvo una idea. Podría carnear a aquella ovejita sin necesidad de enviar a uno de sus criados hasta donde se encontraban sus rebaños. Y eso fue exactamente lo que hizo. Mató a la ovejita y la preparó para sus invitados, sin decirles nada a los niños o a sus padres.

El rostro del rey se encendió, y sus ojos brillaron de ira. Sus sentimientos le trajeron recuerdos que despertaron sentimientos aun más profundos. El también había criado ovejas. Desde el día en que nacían, las había protegido del peligro, las había amado como a mascotas y había sentido un inmenso dolor cuando algo malo les sucedía.

—Majestad, los niños pueden tener corazón para la batalla, pero no pueden luchar con hombres grandes. Como su padre se encontraba afuera trabajando en el campo, nadie escuchó los gritos pidiendo ayuda. Y el pequeño niño, aferrándose desesperadamente a su ovejita, recibió un golpe que lo dejó aturdido. Aquella noche, los niños se acurrucaron en sus camas, llorando al escuchar la música y las risas que provenían de la casa del hombre rico. Se les hacía pedazos el corazón pensando que otras personas estaban satisfaciendo su apetito con la mascota que . . . .

—¡Suficiente! ¡No digas nada más! —gritó el rey poniéndose de pie de un salto, rojo de ira—. ¡Ese hombre merece la muerte! Te diré una cosa, hoy mismo tendrá que restituir el daño que le causó a esa familia. Deberá pagarles cuatro veces más de lo que les quitó.

Deseo que elijan cuatro de sus mejores ovejas y que se las lleven a la familia, inmediatamente. Y luego —dijo con un brillo en los ojos que reflejaba su corazón de guerrero—. ¡Quiero que esta misma tarde me traigan a ese hombre!

La inmensa sala del trono tenía la acústica de una catedral gótica. Cuando las furiosas palabras del rey dejaron de reverberar en las paredes, un pesado silencio inundó la habitación. Los oídos estaban atentos. Aunque el consejero habló en voz baja, el impacto de sus palabras resonó en la sala como grandes truenos.

—Majestad —comenzó diciendo—, ¡*tú* eres ese hombre! ¡La pequeña ovejita que tomaste era la esposa de otro hombre!

La historia golpeó con tanta fuerza al rey que cayó sobre sus rodillas. Su adormecido corazón, endurecido por el adulterio y el asesinato, ahora estaba hecho añicos por el impacto de una descripción vívida emocional. Por primera vez, se vio obligado a enfrentar el mal que había hecho; se vio obligado a *sentir* algo del trauma emocional que les había causado a otras personas.

Es probable que no tengas que enfrentar a ningún rey en un futuro cercano, pero probablemente tienes en la mente a alguna persona con la que necesitas hablar. Al igual que Natán, es posible que tengas que confrontar un problema en una relación. Es probable que la corrección no sea el más fácil de los cuatro usos principales de las descripciones vívidas, y generalmente requiere mucho valor. Pero cuando se hace en amor para cambiar una costumbre o una situación destructiva, frecuentemente es el más importante. Por otro lado, es probable que estés buscando más claridad en tu comunicación o mayor intimidad en tu matrimonio. Tal vez estés buscando las palabras adecuadas de amor y aliento para tus hijos.

Ya sea que tus relaciones necesiten un reacondicionamiento general o que simplemente desees añadirle vida a tu comunicación, la solución está al alcance de tu mano. Tal como hemos visto, el primer paso para crear una descripción vívida es considerar cuál es su propósito. A medida que vayamos explicando los seis pasos siguientes, verás cuán rápida y fácilmente puedes crear descripciones vívidas que hagan historia en tu hogar.

6

Cómo crear una descripción vívida emocional efectiva Parte II

Si eres como la mayoría de las personas, probablemente estás posponiendo una conversación o dos porque no estás del todo seguro de cómo expresar tus sentimientos. Tal vez debes enfrentar una vez más a tu jefe para tratar de conseguir un aumento de salario, o tal vez necesites hablar con tu hijo o hija adolescente acerca de su vestimenta. Tal vez tengas que explicarle a tu esposa, por tercera vez, que necesitas cambiar la fecha de las vacaciones, o tal vez tengas que discutir con tu esposo, por tercera vez, el caos familiar que se produce con ese cambio.

Si tienes una conversación en la mente, en primer lugar, determina claramente cuál es tu objetivo. Entonces estarás listo para dar el segundo paso crucial.

2. Estudia cuidadosamente los intereses de la otra persona

La descripción vívida que el profeta utilizó en el caso del rey

David, demuestra una profunda comprensión de su pasado y de sus intereses. Es decir, Natán eligió una historia que apelaba a la experiencia de David como pastor de ovejas y como defensor de su pueblo. Al hacerlo, Natán tomó un atajo para llegar al corazón del rey. Lo mismo sucedió con la descripción vívida de Adriana que le ayudó a su padre a volver al hogar. Toda su vida, ella le había visto cuidar con devoción el auto de su compañía para impresionar a nuevos clientes. Al apelar a la gran afición que su padre le había tenido toda su vida a los automóviles, ella estacionó en forma efectiva la historia del accidente automovilístico en la puerta del corazón de su padre.

Algunas veces puede requerirse un trabajo detectivesco para descubrir los intereses de tus interlocutores, pero aun los más adictos a la televisión, o aquellos que parecen tan cerrados como una "ostra", te darán pistas acerca de sus intereses. Puede ser que tu interlocutor sea una persona cuyo comportamiento se corrija rápidamente relacionando tu descripción vívida a su programa favorito de televisión.

Investiga en el pasado de la persona y no descuides el presente. Descubre qué era lo que le gustaba cuando era niño, qué es lo que detesta como adulto, los deportes, pasatiempos, comidas o música que prefiere, el automóvil que tiene y cómo lo cuida, qué es lo que le gusta hacer como recreación y qué es lo que le motiva a trabajar horas extra.

Lo mismo sucede si estás buscando una descripción vívida para una mujer. Ponte lo suficientemente al tanto de su mundo como para comprender qué es lo que hace que sus días sean buenos o terribles. Si trabaja en su hogar, fíjate cuáles son sus necesidades o frustraciones. Si trabaja fuera de la casa, averigua qué es lo que hace durante la hora del almuerzo.

Nuevamente te decimos que tu búsqueda de intereses, ya sea en el caso de un hombre o de una mujer, puede requerir un pequeño trabajo detectivesco que te lleve a esferas desconocidas para ti. Pero no te des por vencido hasta que descubras algún interés que pueda originar una descripción vívida.

En mi caso (Gary), la búsqueda de una llave que me condujera al corazón de mi hijo menor, me llevó a un lugar divertido.

Cómo romper viejos hábitos

Cuando Michael tenía trece años, sentí que necesitaba hablar con él acerca de sus hábitos alimenticios. Francamente, él comía muchas cosas que no tienen valor alimenticio alguno. Con el propósito de comunicarle mi preocupación, comencé a buscar alguna de las cosas que le interesaban. Como recientemente le habíamos comprado un juego nuevo de palos de golf, encontré allí una clave para cumplir mi propósito.

Vivimos en la ciudad de Phoenix, Arizona, donde hay más de 240 campos de golf. El clima te permite jugar por los menos 360 días al año, y está cerca de ser el paraíso de los golfistas. Sin embargo, así como la persona que vive cerca del mar casi nunca va a la playa, es muy raro que yo moje mis pelotas de golf en los lagos de los clubes locales. Pero eso cambió cuando vi los nuevos palos de golf de Michael, y me di cuenta de que eran un camino hacia su corazón.

Cuando le sugerí que fuéramos a jugar al golf, Mike saltó de alegría. Estaba entusiasmadísimo con la idea de ganarme, e inclusive trató de convencerme para que duplicara su asignación monetaria semanal si me ganaba por diez tantos.

Una vez en el campo, noté que los tiros de Mike arrojaban la pelota continuamente fuera de curso. Mientras él procuraba mejorar su juego, yo reemplazaba los pedazos de pasto que yo arrancaba con cada tiro. Ambos sabíamos jugar mejor, pero sin embargo pasamos un tiempo maravilloso y finalizamos los primeros nueve hoyos empatados.

Mientras esperábamos para entrar a la segunda vuelta, repasé mentalmente la descripción vívida que estaba seguro de que captaría la atención de mi hijo. Mientras observábamos a un grupo de cuatro que estaba jugando antes que nosotros, me di vuelta para mirar a Michael.

—Eh, muchacho —le dije—, ¿has oído hablar de Jack Nicklaus?

—Por supuesto, Papá. Todos los que pisan un campo de golf conocen a Jack Nicklaus.

—Bueno, si él estuviera jugando hoy con nosotros —le dije—, ¿lo escucharías si te explicara cómo hacer para mejorar esos tiros completamente fuera de curso?

—¡Por supuesto que sí!

—Bueno, Michael, yo no soy Jack Nicklaus, pero tú sabes que

te amo y que deseo lo mejor para ti, ¿no es cierto?

—Claro, Papá. ¿Pero qué tiene que ver eso con mis tiros de golf?

Mientras lo miraba, pude ver cómo su mente daba vueltas tratando de adivinar lo que yo quería decirle. —¿Sabes que en una esfera de tu vida yo te veo hacer algo que es similar a arrojar todos los tiros fuera de curso? Es un asunto tan grave, que verdaderamente puede traerte serios problemas en la vida, puede producirte una muerte temprana e inclusive alejarte de los campos de golf para siempre.

—¿De qué hablas? —me preguntó con una mirada confundida—. ¿Qué es lo que estoy haciendo tan mal?

—Michael, todos los días veo cómo pasas por alto el consejo de los expertos en el campo de la medicina. Estos hombres y mujeres son tan buenos en lo que hacen como lo es Jack Nicklaus en el golf. Sin embargo, cada vez que hablo contigo acerca de tus hábitos alimenticios, siento que me resistes y que no tienes una actitud receptiva.

Tomé su palo de golf y lo sostuve en la mano. —Comer tantas cosas sin valor alimenticio alguno es como tomar tu palo de golf de la manera equivocada y negarte a cambiar tu lanzamiento. Es como si Jack Nicklaus estuviera parado a tu lado mostrándote cómo mejorar tus tiros, y tú te rehusaras a seguir su consejo. Mike, si Jack Nicklaus estuviera hoy aquí, te señalaría algunas cosas que te ayudarían a ser el mejor. Menciono esto porque deseo que disfrutes de una vida lo más sana posible.

Por su cara pude ver que mi descripción vívida le había llegado al corazón, y todo porque yo había apelado a uno de sus mayores intereses. Nuestra conversación proveyó el trampolín para lanzarnos a una conversación acerca de cómo sus malos hábitos alimenticios le estaban haciendo perder la oportunidad de vivir una vida sana.

Mi propósito al llevar a Michael al campo de golf no fue el de manipularle. Más bien, motivado por el amor, estudié cuáles eran sus intereses. Deseaba lo mejor para Michael, no para mí. Anteriormente, mis palabras de advertencia se habían recibido, en el mejor de los casos, como un sermón. Pero aquel sábado, mientras nos encontrábamos en el campo de golf, Michael vio claramente y *sintió* la preocupación que había detrás de mis palabras. Aunque no puedo decir que él cambió instantáneamente sus hábitos alimenticios, su actitud al hablar sobre ellos cambió inmediatamente. Y en los meses siguientes, encontré cada vez menos cajas de hamburguesas y envoltorios de barras de chocolate esparcidos por su habitación.

Sabemos que existen límites en cuanto hasta dónde es posible investigar los intereses de otra persona. Es probable que no te resulte práctico aprender a bordar, o es probable que no tengas inclinación para estudiar física nuclear. Pero si te tomas el tiempo para observar, descubrirás los intereses que te facilitarán la entrada al mundo de la persona a la que tratas de alcanzar . . . y entonces podrás seguir con el siguiente paso.

3. Busca en cuatro fuentes inagotables

Mucha gente experimenta la misma reacción cuando considera el uso de las descripciones vívidas: "Un momento, ¡yo no soy creativo! Sería necesario un milagro para que yo pudiera inventar una historia que surtiera efecto." En verdad, no debes preocuparte por cuán creativo eres. Aunque no lo creas, has estado escuchando y *utilizando* descripciones vívidas durante años.

Cada vez que cantas el himno nacional, estás cantando una descripción vívida. Y si alguna vez has escuchado canciones melódicas, accidentalmente o a propósito, has escuchado una descripción vívida detrás de la otra, tales como: "No me importan las espinas, si tú eres la rosa."

Es interesante notar que el significado de la raíz de muchas palabras cotidianas puede convertirse en descripciones vívidas. Por ejemplo, la palabra hebrea para *ira*, originalmente significaba "el soplo de las narices".[1] Eso es porque cuando alguien se enfurece, la sangre le sube al rostro y la nariz da resuellos fuertes. Asimismo, el significado original hebreo de la palabra *temor* se deriva de la palabra "riñones".[2] Si alguna vez alguien te ha salido sorpresivamente en una calle oscura y desierta, seguramente *sabes* por qué se utiliza esta parte de nuestra anatomía como descripción vívida.

Además, probablemente has estado usando docenas de "mini descripciones vívidas" a través de los años sin darte cuenta. Por ejemplo, piensa en las veces que has dicho: "Ten cuidado, es un lobo con piel de oveja", "Te está tomando el pelo", "Es como un regalo a los ojos", "¡Qué vida de perro!", "Entre bueyes no hay cornada", "Este es un sapo de otro pozo", "Son cerdos del mismo chiquero", "Se puso rojo como un tomate", o "Estaba blanca como un papel."

O probablemente alguna vez hayas dicho: "Ese bebé es más lindo que el sol", "Le falta un tornillo", "De tal palo, tal astilla" , "El pertenece a la guardia vieja", "Desvestí a un santo para vestir a otro."

¿Te das cuenta de que crear descripciones vívidas no resulta tan difícil como tú piensas? No es difícil encontrar una descripción vívida apropiada si sabemos dónde buscar. Al leer los siguientes cuatro capítulos, descubrirás cuatro fuentes inagotables de descripciones vívidas emocionales. Una fuente es la de la naturaleza y sus maravillas. Otra es la de los objetos que usamos todos los días. La tercera es la de las historias imaginarias, y la cuarta es la de las experiencias del pasado y los recuerdos.

Adriana escogió su descripción vívida de la fuente de los objetos que se usan todos los días. En su caso, el interés de su padre por los automóviles, la condujo directamente a esta fuente. Natán, el consejero del rey, sacó su descripción vívida de la fuente de las historias imaginarias, despertando los recuerdos de David de los días en que era pastor de ovejas.

En los próximos cuatro capítulos (7 a 10), explicaremos exhaustivamente cada una de estas fuentes. Pero con esta breve introducción, estamos listos para dar el cuarto paso, una etapa muy importante que, de pasarse por alto, podría impedir que nuestra comunicación alcance su máxima efectividad.

4. Practica tu relato

A través de los años, hemos aprendido que para tener destreza en algo no hay nada como practicar. Si practicamos nuestro relato, recibiremos altos dividendos, pero si no lo practicamos, podemos perder el resultado que podría haber logrado.

Mucho tiempo después que Adriana enviara su carta, nos enteramos de que había escrito aquella descripción vívida una docena de veces. Con cada revisión, descubría algún nuevo aspecto del accidente automovilístico que ilustraba el dolor de su familia.

No estamos sugiriendo que escribas todas tus descripciones vívidas de antemano. Nosotros no hacemos eso muy frecuentemente. En muchas situaciones no resulta ni práctico ni posible.

Pero una y otra vez hemos visto los tremendos beneficios que trae repasar y pensar cuidadosamente en todos los detalles de una historia.

Como ex atletas que somos, también te recomendamos que trabajes con un entrenador. Si las descripciones vívidas son tan nuevas para ti como para tu amigo, por lo menos busca a alguien que te aliente. Practicar con otra persona te dará más confianza y te proveerá nuevas facetas del asunto que te serán de mucha ayuda. Por lo tanto, si seriamente deseas que tus palabras alcancen el propósito deseado, busca a alguien que te apoye. Eso te ayudará a aumentar el impacto de tu descripción vívida y creará un lazo más fuerte entre tú y tu amigo.

En nuestro camino hacia crear una descripción vívida, hemos dado cuatro pasos importantes. Hemos elegido un propósito claro para comunicar, nos hemos concentrado en una esfera de interés de la otra persona, hemos tomado un objeto o una historia de una de las cuatro fuentes, y cuidadosamente hemos practicado lo que deseamos decir. Ahora es tiempo de considerar el quinto paso: el momento apropiado.

5. Elige un momento apropiado (sin distracciones)

Recientemente estuvimos dando algunas charlas en una conferencia de dos días sobre cómo mejorar los matrimonios. La primera noche hablamos brevemente acerca de las descripciones vívidas emocionales. A la mañana siguiente, justo antes de la primera sesión en la cual íbamos a hablar en detalle acerca de ese concepto, una mujer se puso de pie furiosa para decirnos que nuestra "loca idea" no le había dado buenos resultados.

—Anoche, cuando volví a casa probé su tonto método de las descripciones vívidas con mi esposo, y puedo asegurarles que no dio ningún resultado —nos dijo culpándonos, comenzando a demostrar más y más enojo en la voz—. Deberían hacer una aclaración pública ahora mismo, diciéndoles a todos que se olviden de usar ese método. Mejor dicho, *denme el micrófono*, ¡yo misma lo diré!

Afortunadamente, el micrófono no estaba conectado aún, y pudimos calmarla lo suficiente como para saber qué era lo que había salido mal. Al escuchar la historia que ella nos contó, nos dimos cuenta de que no había comprendido ninguno de los pasos a seguir para crear una descripción vívida, en particular el quinto paso, es decir, elegir el momento oportuno. Simplemente se había entusiasmado con ese concepto, había cargado dos barriles de pólvora verbal, y se los había arrojado a su esposo en el mismo instante en que éste había cruzado el umbral de la puerta.

Esa mujer tenía preocupaciones válidas acerca de su matrimonio. Se sentía muy mal porque su esposo, a último momento, había decidido quedarse en la casa a ver un partido de fútbol en lugar de asistir a la conferencia. La realidad era que a ese hombre le interesaba más ver el partido, que el respeto que perdería a los ojos de su esposa. Entonces, cuando ella captó la esencia de cómo las descripciones vívidas podían mejorar un matrimonio, salió como un bólido al encuentro de su esposo.

—¿Por qué no nos cuenta exactamente qué fue lo que pasó? —le preguntamos.

—Bueno, cuando llegué a casa anoche, mi esposo estaba mirando otro de sus tontos partidos de fútbol —comenzó ella—. Inclusive era un partido que había grabado la semana anterior. Yo me puse tan furiosa que pensé inmediatamente en una descripción vívida. "Eduardo", le dije apagando el televisor y parándome delante de la pantalla. "¿Sabes cómo me haces sentir cuando miras tus tontos partidos? Pues me siento como un trozo de pan que ha quedado sobre la mesa de la cocina luego de la cena. Y como si eso fuera poco, tú pasas por allí para ir a mirar televisión y me arrojas al piso. Y como si esto fuera poco, ¡el perro viene y me pasa la lengua! Bueno, ¿qué piensas de *esto*?"

—¿Qué sucedió luego? —le preguntamos.

—Simplemente me miró como si yo estuviera ebria. Finalmente, meneó la cabeza y dijo: "¿Qué pienso de eso? Pienso que es una manera de sentirse *tonta*, ¡eso es lo que pienso! Enciende el televisor y sal del medio." ¡Y diciendo eso, continuó mirando su partido!

La mujer había creado una descripción vívida con grandes expectativas. Sospechamos que por lo menos ella pensaba que su esposo caería instantáneamente sobre sus rodillas rogándole que lo perdonara por haberla pasado por alto en el pasado, y que luego rompería en pedazos el televisor con control remoto y todo.

Sin embargo, eso no fue lo que sucedió. Se separaron aun más. ¿Por qué? Ella había captado el primer paso al crear una descripción vívida: aclarar el propósito. Es decir, ¡ella deseaba martillar a su esposo con palabras y clavarlo justo allí donde estaba sentado! Estaba tan apurada que no pudo esperar ni siquiera al intermedio del partido. Por cierto, puso el pavo en el horno sin leer las instrucciones. Consecuentemente, sus resultados fueron nulos.

El error de esa señora fue no esperar el momento apropiado. Ella envió su mensaje en el peor momento posible, y no se tomó el tiempo para pensar en los intereses de su esposo o para buscar en la fuente que mejor los representara. Después de todo, el interés principal de él era evidente; medía veintiuna pulgadas y allí se quedaba pegado. Este hombre era un adicto a la televisión y un fanático del fútbol. Una descripción vívida del mundo de los deportes le hubiera tocado y lo hubiera hecho reaccionar. No es de asombrarse que las palabras de su esposa nunca llegaran a su corazón. El no podía identificarse con un pedazo de pan que caía de la mesa.

Otro error fue que esa mujer no practicó su descripción vívida. Por supuesto, algunas veces puede ser tan difícil contener las palabras como detener, en un partido de fútbol, a un delantero que corre con la pelota en un contraataque. Sin embargo, ella necesitaba practicar y dar forma a sus palabras, y necesitaba a una amiga o entrenadora que la animara. Por supuesto, esto hubiera requerido más esfuerzo, pero hubiera sido mejor que recibir de vuelta sus palabras como una bofetada. Al no practicar y planear una estrategia apropiada, perdió su arma ofensiva y se vio detenida antes de poder marcar un tanto.

Con toda esta comparación atlética que hemos utilizado, es evidente que esta mujer podría haber elegido una descripción vívida relacionada con los deportes. Aunque no supiera nada sobre fútbol podría haber buscado a alguien que le enseñara lo suficiente como para acercarse a su esposo con un lenguaje familiar. Pero para lograr una comunicación efectiva, debemos hacer algo más que seleccionar el campo de interés correcto y luego practicar. La elección correcta del tiempo y del lugar para presentar una descripción vívida es una clave para su uso efectivo.

Tomemos nuevamente a Adriana como ejemplo. Nunca existía el momento apropiado para conversar con su padre. En las pocas visitas que él les hizo, cerró la puerta a cualquier conversación seria y descolgó el teléfono todas las noches. Por lo tanto, ella envió su mensaje a través del correo. Adriana sabía que su padre reservaba un tiempo tranquilo para revisar su correspondencia. Y como eligió el momento y el lugar adecuado para presentar su descripción vívida, su plan dio resultado. Lo mismo sucedió con Natán, quien esperó el momento oportuno para confrontar al rey David.[3]

Si deseas que tu historia sea efectiva, debes entregarla en el tiempo oportuno y en el lugar apropiado. Las recompensas de una descripción vívida bien elaborada no se reciben lanzando nuestros pensamientos impulsivamente. Se reciben cuando hacemos trabajar la mente antes que la boca.

6. Inténtalo una y otra vez

Tanto en el caso de Adriana como en el del profeta Natán, la primera descripción vívida que usaron obtuvo el resultado deseado. Sin embargo, en algunos casos, se puede necesitar más de una descripción vívida para que la otra persona realmente comprenda nuestros pensamientos y sentimientos. Cuanto mejor demos el segundo y el tercer paso (estudiar los intereses de la otra persona y buscar en una de las cuatro fuentes), más posibilidades tendremos de que nuestra primera descripción vívida logre su objetivo. Pero si no lo logra, no te desesperes, ¡inténtalo nuevamente!

En otro de nuestros libros, *La bendición*, contamos la historia de una mujer que vivía en una casa muy pequeñita.[4] Aunque ella y su esposo podrían haber adquirido fácilmente una casa más grande, ella no podía convencer a su esposo, a pesar de años de intentos.

Cada vez que hablaban sobre el tema, él desechaba sus sentimientos y defendía su propio punto de vista por el cual, según él, debían quedarse en esa casa. Una descripción vívida que ella creó cayó en oídos sordos. Pero en lugar de darse por vencida, volvió al punto de partida, eligió otro de los intereses de su esposo e intentó una segunda descripción vívida. Y luego una tercera.

Lo que no mencionamos en nuestro libro anterior fue que tuvo que hacer cuatro intentos antes de captar la atención de su esposo. Los intentos previos pueden haber fracasado porque él no los comprendió, o probablemente porque no era el momento apropiado. Tal vez, simplemente su esposa no captó un interés que estuviera lo suficientemente cerca de su corazón. Fuera cual fuese la razón, la cuarta historia acerca de un pez en un mohoso barril fue lo que atrajo su atención.

Se sintió tan conmovido por lo que ella le dijo que enseguida se levantó de su silla, llamó por teléfono a un amigo que era agente de bienes raíces, y puso la casa en venta. Luego sacó su chequera. "¿Es suficiente esto para comenzar a construir la casa que deseas?", le preguntó, extendiéndole un cheque por una suma de dinero más que suficiente para comenzar.

La persistencia de esta mujer con las descripciones vívidas le proveyó una nueva casa. Naturalmente, no pretendemos decir que una perseverancia similar te hará posible trasladarte a una casa mejor, pero podemos asegurarte que obtendrás resultados si no te das por vencido. Hemos visto algunas otras formas en que la perseverancia dio muy buenos resultados. Por ejemplo, una mujer consiguió un trabajo en una compañía que la había rechazado dos veces anteriormente; otra mujer obtuvo cinco días adicionales de vacaciones después de repetidos pedidos; unos padres finalmente convencieron a su hijo adolescente para que dedicara más tiempo a su hermano menor; y una maestra finalmente ayudó a una estudiante tímida a acercarse a sus compañeros de clase.

Vivimos en una sociedad donde todo debe ser "al instante". Esperamos que la comida se haga en el horno de microondas, y que los programas de televisión sean de veinticinco minutos con diez anuncios comerciales, y que tengan un final feliz. Pero la vida real no siempre es así. Hay veces cuando no puedes lograr que otra persona comprenda lo que le dices en el primer intento, o cuando todavía estás en desacuerdo a pesar de haberte esforzado por crear la imagen correcta. ¡Pero no te des por vencido! En el mundo en que vivimos, una clave para la comunicación es la persistencia amorosa.

Por supuesto, es frustrante no obtener resultados instantáneos cuando utilizamos una descripción vívida, pero algunas personas pueden ser ametralladas con las cien descripciones vívidas más poderosas, y no sentir ni el más mínimo impacto. Hemos dedicado un capítulo más adelante a ese pequeño grupo de personas que parecen no ser afectadas en lo más mínimo por las descripciones vívidas.[5] Pero por favor, no te apresures a catalogar a esa persona que se "resiste" dentro de este grupo sin perseverar, perseverar, perseverar.

Debemos enfatizar que a lo largo de los años hemos conocido a muy pocas personas que están tan endurecidas mental, emocional y espiritualmente que no pueden ser alcanzadas por una descripción vívida. Inclusive hemos visto "casos perdidos", en los que un esposo o una esposa insistían en que para su cónyuge no había esperanza, cambiar dramáticamente a través del lenguaje del amor.

Por lo tanto, no te desanimes si ocasionalmente recibes la respuesta: "¡Qué manera de sentirse tan tonta!" En casi todos los casos, tu amorosa paciencia te capacitará para alcanzar nuevas alturas en la comunicación con tu amigo, tu socio o tu familiar. Cuando te encuentres allí arriba, pon en práctica el séptimo y último paso.

7. Sácale todo el jugo posible a tu descripción vívida

¿Qué queremos decir con esto de "sacarle el jugo" a una descripción vívida? Piénsalo de esta otra manera: una vez que has encendido una luz con tu descripción vívida, ¡enciende todas las luces de la casa! Por ejemplo, una vez trabajamos con una mujer que se encontraba profundamente frustrada con respecto a su vida personal. Después de trabajar durante años en una profesión que amaba, se casó y tuvo hijos relativamente tarde en la vida. Tenía un matrimonio bien establecido, y amaba profundamente a sus mellizas, pero algunas veces luchaba con sus emociones con respecto a la decisión que había tomado de renunciar a su trabajo para estar en casa con las niñas.

—Sé que no debería sentirme de esta manera —nos dijo—. Sin embargo, algunas veces me siento como un pájaro enjaulado. Realmente me gusta estar allí dentro, y sé lo importante que es para mis pichoncitas tener un lugar seguro donde criarse. Pero algunas veces siento deseos de abrir la puerta de la jaula y salir volando.

Su descripción vívida proporcionaba una visión muy amplia de su frustración, y podríamos haber dejado las cosas allí. Pero sospechando que había algo más en esa historia, le formulamos una serie de preguntas que le "sacaron el jugo" a su descripción vívida para obtener un significado adicional. —Si pudieras volar fuera de la jaula, ¿adónde irías? —le preguntamos—. ¿Por cuánto tiempo te irías? ¿Está tu esposo contigo en la jaula, o lo ves volando libremente por otros lugares?

Cuando le formulamos esta pregunta acerca de su esposo, fue como si hubiéramos abierto un dique que retenía un daño emocional que se había ido acumulando en su interior. Repentinamente, meses de frustración salieron a la luz.

Hablando a toda velocidad, nos explicó que su esposo era hijo único, y que antes de casarse, la única relación que había tenido con niños era observarlos de lejos. Aunque había estado dispuesto a comenzar una familia, en el fondo de su ser se sentía inseguro como padre. Como resultado, inconscientemente evitaba estar en su casa. Cuanto más tiempo estaba en el trabajo, menos tiempo podía proveer el apoyo físico y emocional que su esposa y sus mellizas necesitaban. Y en pocos meses, su falta de preocupación había comenzado a dañar la relación.

Si no nos hubiéramos tomado el tiempo para "sacarle el jugo" a su descripción vívida, es probable que la hubiéramos dejado ir diciéndole unas pocas palabras de aliento, tales como: "Gracias por ser tan sincera con respecto a tus sentimientos. Probablemente todas las madres de niños pequeños alguna vez se sienten como si estuvieran en una jaula, particularmente si sus mellizas han comenzado a caminar y a cortar los dientes."

Pero al "sacarle el jugo" a su historia pudimos aclarar sus preocupaciones, comprender mejor los temores de su esposo y detectar un problema que hubiera conducido a una crisis mayor. Más tarde, ella nos contó que una de las primeras cosas que su esposo le preguntó después de escuchar su descripción vívida ampliada fue: "Querida, ¿qué puedo hacer para abrir la jaula y ayudarte a ejercitar las alas?"

Al sacar a la luz más asuntos y sentimientos, tú también podrás descubrir nuevas profundidades en tu relación, y verás algunos beneficios adicionales en tus conversaciones. Esto será posible si le sacas todo el jugo posible a las descripciones vívidas.

A estas alturas, hemos examinado siete pasos para crear y utilizar una descripción vívida:
1. Establecer un propósito claro.
2. Estudiar cuidadosamente los intereses de la otra persona.
3. Buscar en cuatro fuentes inagotables.
4. Practicar el relato.
5. Elegir un momento apropiado (sin distracciones).

6. Intentarlo una y otra vez.
7. Sacarle todo el jugo posible a tu descripción vívida.

Al presente ya debes saber utilizar en forma efectiva, en tus relaciones más significativas, esta herramienta dinámica de la comunicación. Pero el saber crear descripciones vívidas efectivas no es suficiente. También debes saber dónde puedes encontrarlas. Tienes un caudal inagotable al alcance de tu mano en las cuatro fuentes que mencionamos anteriormente. Ellas nos proveen una interminable cantidad de palabras poderosas, como descubrió un esposo cuando recurrió a la fuente de la naturaleza para detener el continuo torrente de palabras de queja y de crítica que salían de los labios de su esposa.

CUATRO FUENTES INAGOTABLES DE DESCRIPCIONES VIVIDAS

7

La fuente de la naturaleza

Jorge sabía que necesitaba ayuda con un problema que estaba arruinando su matrimonio y que estaba causando problemas con sus hijos. Sin embargo, ¿quién hubiera pensado que un objeto de la fuente de la naturaleza podría haber producido cambios tan drásticos?

Este esposo creó una historia que terminó con las críticas de su esposa. Por cierto, su descripción vívida fue tan poderosa que la hemos utilizado al aconsejar a muchas otras parejas, y hemos visto cómo ha afectado profundamente sus vidas.

Buscando en la inagotable fuente de la naturaleza, tú también puedes utilizar toda la creación que te rodea para aumentar el poder de tus palabras. Los animales, el clima, las montañas, el agua y cientos de otros elementos naturales pueden proveer la puerta de entrada al corazón de otra persona, tal como Jorge lo descubrió.

Cómo hacer retroceder la marea de la crítica

Al trabajar como profesor de escuela secundaria y como entrenador de un equipo de fútbol, era raro que Jorge regresara del trabajo y que todavía fuera de día. Esto tenía sus ventajas. Al irse a trabajar antes del amanecer y regresar después que había anochecido, no veía la pintura descascarada en las paredes de su

78

casa ni la maleza crecida en el jardín.

Aunque el sacrificio anual que Jorge realizaba para obtener la victoria en el campo de fútbol hacía que la casa sufriera de alguna manera, él trataba de asegurarse de que su familia no sufriera. Todas las noches en que le era posible hacía tiempo para jugar con sus hijos y para conversar con ellos. Sin embargo, muy pocas veces le quedaba tiempo para su esposa, Susana.

Cuando los niños se iban a la cama, se acomodaba solo en un sofá para pasar largas horas estudiando películas con partidos del equipo con el que jugarían la próxima semana. Y la mañana siempre llegaba tan rápidamente. Por cierto, parecía que el intervalo que existía entre la preparación del reloj despertador y el momento en que éste sonaba, se medía en fracciones de segundos.

No tardó mucho para que Susana comenzara a sentirse irritada por la falta de tiempo que su esposo pasaba con ella. Por naturaleza, ella nunca daba más de tres pasos fuera de su plan de actividades diarias. Cada uno de sus movimientos estaba anotado hora por hora, y no podía comprender por qué Jorge no podía hacer lo mismo. En realidad, las fluctuaciones en la agenda de su esposo amenazaban su vida cuidadosamente estructurada, especialmente cada otoño cuando en el calendario aparecía la temporada de fútbol.

Parecía que con cada año que pasaba, su nivel de frustración se elevaba más. Cuanto más variaba el horario de Jorge, más crítica se volvía Susana, y su desaprobación no cedía ni un centímetro.

Jorge intentó de todo para tratar de cambiar la actitud amarga de Susana hacia las demandas de su trabajo: sermones, lógica e inclusive algunos gritos. Después de todo, él era entrenador de fútbol y también había jugado en un equipo de una universidad famosa. Jorge sabía hacerse escuchar, pero también reconocía que sus sermones originados en el hemisferio izquierdo de su cerebro, y sus palabras punzantes fracasaban totalmente en el intento de cambiar el comportamiento de su esposa. Desesperado, finalmente recurrió a la técnica de las descripciones vívidas, de las que había oído hablar en una conferencia para profesores que habíamos dictado.

La noche siguiente, Jorge regresó a su casa después de la práctica. En el momento en que entró, vio a su perrita de cuatro meses. Chimba era una hermosa perrita color oro, y Susana la amaba tiernamente. Mientras la cachorrita se acercaba moviendo el rabo, Jorge comprendió que había encontrado la llave para penetrar en las emociones de su esposa.

Por primera vez, sentía que tenía algo nuevo que decir, en lugar de expresar las trilladas frases una y otra vez en diferentes decibeles.

Hasta ese momento, había seguido paso a paso el libreto para crear una descripción vívida efectiva.[1] Cuidadosamente había elegido un propósito claro que deseaba comunicar y había escogido un objeto cercano al corazón de su esposa. Además, esperó para practicar su descripción vívida (sacada de la fuente de la naturaleza) al día siguiente con un amigo íntimo en la escuela secundaria. Entonces, armado con su nueva herramienta de comunicación, se preparó para compartir su historia con Susana.

Los niños se habían ido a acostar, y Jorge acababa de apagar el televisor después de ver el noticiero de la noche. El sabía que un aspecto importante que debía tener en cuenta para que su descripción vívida fuera efectiva, era elegir un momento tranquilo para expresar su mensaje. Y teniendo tres hijos, la casa nunca podía estar más tranquila que en ese momento. Tal como lo había previsto, Chimba estaba sentada en su lugar favorito, acurrucada junto a los pies de Susana.

—Mi amor —le dijo Jorge a Susana—, ¿podemos conversar un poco?

—Es tarde —le respondió Susana fríamente—, no sé si estoy en condiciones de hablar acerca de ninguna cosa en este momento.

—No nos tomará mucho tiempo. Simplemente deseo contarte una historia para expresarte cómo me he sentido últimamente.

Era muy raro que Jorge deseara expresar algo que remotamente se pareciera a un sentimiento, así que Susana asintió y se sentó nuevamente en su silla.

"Querida, bueno, creo que últimamente me he sentido como probablemente se sentía Chimba cuando vivía con tu abuelo en la granja antes que la trajéramos aquí. Tengo sangre de cazador en las venas y deseo tanto correr y explorar los alrededores", continuó diciendo. "Pero me han dejado encerrado en el jardín trasero de la casa, y allí paso la mayor parte del tiempo caminando en círculos encadenado a un árbol.

"Bien, un día me dejan sin la correa y la curiosidad se apodera de mí. Entonces cavo un hoyo profundo que pasa por debajo de la verja y me escurro por allí. Salgo como una flecha hacia el bosque. El problema es que estoy tan entusiasmado de poder correr libremente que no me doy cuenta de que me estoy alejando más y más de la casa. De repente, miro a mi alrededor y me sobresalto. Sin darme cuenta, me he internado tanto en el bosque que me he perdido. Busco como loco un camino de regreso a casa, pero todos los senderos me conducen a lugares sin salida o me alejan más de donde yo desearía estar. Me paso todo el día tratando de encontrar el camino de regreso a la casa del abuelo, pero sin embargo, no hago más que meterme en problemas.

"Por la mañana, me persiguen los coyotes; por la tarde casi me atropella un camión; al anochecer, me caigo en un arroyuelo de aguas sucias (y ésa es la única agua que encuentro para beber). Al ocaso del día, tengo las patas heridas y sangrantes, estoy mojado, exhausto y asustado."

Susana estaba escuchando con toda su atención, sin mover siquiera un párpado.

"Tarde en la noche, finalmente encuentro otro sendero. Luego de haber caminado a través de la oscuridad del bosque, de repente encuentro algunas huellas familiares, y reconozco una que me conducirá de vuelta a la casa del abuelo. Olvidando lo cansado y lastimado que estoy, comienzo a correr por el sendero. Cada vez corro más rápidamente. El corazón me late con fuerza cuando finalmente veo el sendero de la casa y me esfuerzo por andar los últimos metros que me faltan para llegar. Deseo tanto ver al abuelo y poder sentirme a salvo nuevamente. Busco el hoyo que cavé esa mañana y me escurro por él. Luego, con mis últimas gotas de fuerza, llego hasta la parte de atrás de la casa y rasco la puerta. A pesar del cansancio, ladro y gimo para que me abran. Casi no puedo esperar a que alguien me tome en sus brazos, me seque y me alimente.

"Justo en ese momento, se enciende la luz del porche trasero. Me siento muy animado pensando: *Al fin estoy con mi familia. Al fin alguien me confortará en lugar de perseguirme. Tendré agua fresca, comida y . . . .*

"En lugar de todo eso", dijo Jorge, haciendo una pausa para permitir que sus palabras surtieran efecto, "de pronto alguien abre la puerta, y de un golpe me arroja escaleras abajo. Antes que me pueda levantar, me golpea con una vara. Yo ya estaba cansado y lastimado por haberme perdido aquel día, pero ahora siento más dolor y confusión mientras esa persona me persigue por el jardín, golpeándome una y otra vez. Todo el tiempo, escucho una voz furiosa que me grita: 'Si te llegas a escapar otra vez, ¡esto no será nada comparado con lo que vas a recibir!' Pero todo lo que puedo hacer es pensar: *Me esforcé tanto por llegar a casa, ¡y ahora me golpean!*

"Finalmente me atrapan, me ponen una larga cadena que está sujeta a un poste de hierro, y me dejan allí hasta la mañana, bajo el frío y el rocío, sin nada de comer o beber. Se supone que esto debería ser una lección, pero me destroza el corazón y me hace pensar que después de todo no era tan malo estar perdido."

Jorge hizo una nueva pausa, y la habitación se encontró tan silenciosa como un sepulcro. "Susana, probablemente no te has dado cuenta, pero yo me siento así la mayor parte de las noches cuando regreso a casa. Verás, realmente me gusta enseñar y entrenar, pero al final del día estoy exhausto. Si no es algo que me han hecho los estudiantes u otro profesor, tal vez la práctica resultó mala o hemos perdido un partido. Es duro trabajar todas esas horas obteniendo tan poco a cambio. Durante el día, siempre pienso que no veo la hora de regresar a mi jardín, de regresar a mis hijos y a ti, de estar nuevamente con aquellos que tanto deseo que me abracen, que me digan que me aman y que me aseguren que todo está bien. Necesito que tú me digas que me amas y que estás orgullosa de mí, aunque yo no sea el marido y el padre perfecto.

"Pero, Susana, la mayor parte de las noches, cuando abro la puerta, en lugar de encontrar un abrazo, lo que encuentro son palabras sarcásticas o de crítica tales como: 'Tienes tiempo para hacer todo lo que *te* gusta, ¿por qué no tienes tiempo para arreglar lo que *yo* te pido?' O: 'Te pedí que trajeras pan integral, no pan blanco. ¿Por qué no puedes recordar lo que te digo?' O: 'Si tienes tiempo para entrenar a los hijos de todo el mundo, ¿por qué no dedicas un poco más de tiempo a *tus propios* hijos?'

"Tus palabras son como latigazos que me golpean una y otra vez. Cuando trato de responder o de mejorar las cosas, tú me hieres con tus palabras de crítica en el dormitorio, me persigues hasta la cocina y me sigues hasta afuera. Y si yo levanto el brazo para evadir uno de tus golpes, me golpeas en la mano o en el hombro. Susana, estoy tan cubierto de heridas de todas las cosas que me has dicho, que sencillamente deseo pasar más tiempo en el bosque, es decir, en la escuela. Estoy muy solo allí, y tengo que evadir a algunos coyotes y camiones, pero al menos no recibo palabras de crítica.

"Mi amor, yo sé que tienes legítimas razones para sentirte mal por la actividad que tengo durante la temporada de juego. A mí tampoco me gusta trabajar tanto, pero este problema está comenzando a afectar seriamente nuestra relación. Veo el impacto negativo que tiene todos los días, y los niños también están comenzando a sentirlo. No sé de qué otra manera decírtelo, pero cuando se trata de nuestro matrimonio, me siento como la pequeña Chimba regresando a un lugar que no es precisamente el 'hogar, dulce hogar' después de haber estado perdida en el bosque."

Jorge se sorprendió ante la cantidad de emoción que había demostrado al contar esa historia, pero se sorprendió aun más ante la reacción de su esposa. Susana se sintió tan conmovida por la historia que lloró descontroladamente durante casi media hora.

Más tarde, Susana nos contó: "Durante años yo sabía que estaba criticando demasiado a Jorge y que le estaba diciendo muchas cosas hirientes; pero hasta el momento en que él me contó esa historia, yo no tenía idea de cuánto le afectaban mis palabras. El llegó a sentirse mal por habérmelo dicho, y luego me abrazó y me dijo que lamentaba haber manifestado sus sentimientos. Pero yo estaba tan conmovida por su descripción vívida, que todo lo que podía hacer era llorar.

"No estoy exactamente segura de por qué *sentí* aquella historia tan intensamente, pero cambió mi actitud", continuó diciendo ella. "Aquella noche decidí que mi actitud hacia Jorge estaba equivocada. Aunque anteriormente lo había racionalizado, ahora sabía que estaba hiriéndolo con demasiada frecuencia con mis palabras. Estaba enojada porque no podía verlo más seguido, pero mis quejas lo estaban alejando más y más de mi lado, en lugar de traerle más cerca.

"Todavía sigue siendo una lucha para mí tener que ser tan flexible durante la temporada de fútbol, y después de cada temporada tenemos que conversar acerca de mis frustraciones", dijo Susana, "pero aquella noche tomé una decisión importante. Cada vez que Jorge llegue a casa, por más tarde que sea o por más frustrada que yo me sienta, nunca más lo recibiré con una vara en la mano."

Chimba nunca se dio cuenta de que estaba sirviendo como el "mejor amigo del hombre" sencillamente por estar a los pies de Susana, pero Jorge sí se dio cuenta. Y al utilizar a esa mascota como la base de su descripción vívida, él seleccionó simplemente una de las miles de ilustraciones de la fuente de la naturaleza.

Al igual que Jorge, puedes recurrir a esta fuente cuando pienses que allí hay algo que le interese a la otra persona. Veamos a otras tres personas que buscaron en la fuente de la naturaleza para lograr cambios positivos en sus relaciones. Estos ejemplos te darán una rápida visión de cómo esas personas utilizaron el lenguaje del amor para confrontar a una huésped inconsiderada, para recobrar un amor perdido, y para honrar a un amigo especial.

Confrontando a una huésped inconsiderada

"Elisa, tú y yo somos de Minnesota, ¿no es cierto? ¿Recuerdas lo que es esperar y esperar a que llegue la primavera?", le dijo Gladys a su huésped que estaba unos días con ella hasta que le terminaran su nuevo apartamento. "¿Recuerdas qué agotador es sacar la nieve con la pala despejando el camino de entrada a tu casa, sabiendo que en esos momentos en la Florida la gente se está dando baños de sol? ¿Recuerdas lo animada que te sentías al ver los primeros brotes en las ramas de los árboles cuando despertaban del largo sueño del invierno? Elisa, probablemente tú no te has dado cuenta, pero al poco tiempo de llegar a nuestra casa te escuché decir algo que realmente me hirió. Me hizo sentir como si estuviera nuevamente viviendo en Minnesota y hubiera escuchado que la primavera demorará seis meses más en llegar, es decir que tengo que soportar otros seis meses de hielo, nieve y viento helado. Quiero compartir contigo qué fue lo que me hizo sentir así . . . ."

Anhelando la intimidad perdida

"Rodolfo, ¿podemos conversar unos minutos antes de salir a correr?", le preguntó Claudia, sentándose al borde de la cama mientras su esposo se ataba los zapatos. "Debes saber que me he sentido como si los dos hubiéramos estado corriendo a lo largo de nuestro camino favorito, la calle de los cedros que pasa por todas esas hermosas casas y nos lleva hasta el parque.

"Ese camino es agradable para los dos. Podemos hablar mientras corremos, no hay perros dando vueltas por allí, y el ejercicio nos hace mucho bien.

"Pero últimamente, siento como si cada vez que comenzamos a correr, llegamos a un gran desvío que nos obliga a tomar otro camino diferente. En lugar de pasar al lado de hermosas casas, tenemos que esquivar el tráfico en las congestionadas avenidas. Y en lugar de llegar al parque, debemos subir trabajosamente algunas cuestas.

"Rodolfo, a mí me gustaba mucho correr contigo, pero ahora siento que el camino por el cual corremos está lleno de rocas. En cualquier momento, uno de nosotros puede tropezar, caerse o algo peor.

"Necesito decirte por qué creo que apareció ese cartel de desvío, y también por qué vamos cuesta abajo por un sendero tan rocoso . . . ."

Honrando a un amigo especial

"Oye, David, ¿tienes un minuto?", preguntó Rodrigo apresurando el paso para alcanzar a su compañero de trabajo. "Quiero darte las gracias por haberme ayudado tanto la semana pasada. Yo sé que tú piensas que no fue gran cosa, pero permíteme ilustrarte cuánto aprecio tu ayuda contándote una historia.

"Los dos somos jugadores de golf, ¿no es cierto? ¡Al menos creemos que lo somos! De todas maneras, hace unos tres meses atrás, cuando el jefe me dio este nuevo cargo, me sentí como si me pusieran al cuidado del campo de golf que se utilizará para el Torneo Mundial de Golf. Fue una tremenda oportunidad, y me sentí feliz por ese honor. Pero tú sabes tan bien como yo que jamás en mi vida me he hecho cargo de un campo de golf.

"Bueno, David, yo sentí que te tomaste el tiempo que en realidad no tenías para enseñarme a cuidar ese campo. Me mostraste a qué altura debía cortar el césped en las pistas, y la mejor manera de cortarlo alrededor de los hoyos. Me enseñaste cuándo debía regarlo, dónde debía colocar las regaderas, y cuánta agua debía utilizar.

"Claro que yo puse todas esas horas de trabajo, pero tú me ayudaste a saber dónde debía ponerlas. Y cuando terminó el campeonato y todos los profesionales se encontraban hablando de lo bien cuidado que estaba el campo, tú fuiste la persona a quien yo deseaba encontrar para darle las gracias."

Estas son tan sólo algunas de las maneras en que puedes utilizar una descripción vívida de la fuente de la naturaleza para llegar directamente al corazón de una persona. Hemos visto a muchísimas personas buscar en esta fuente para lograr cambios importantes en la vida de otra persona.

Conocemos a una madre que vivía sola con su hijo adolescente y que cambió su actitud hablándole acerca de un árbol que tenían en el jardín de su casa; a un padre que hizo llorar a todos en el ensayo de la boda de su hija con la historia de una hermosa mariposa; y a un hijo que les explicó a sus padres cómo se sentía al partir hacia la universidad, utilizando la imagen de un pequeño arroyuelo que a través de los años había crecido convirtiéndose en un gran río.

Aunque la fuente de la naturaleza es un tremendo recurso para encontrar descripciones vívidas que puedan cambiar una vida, existen otras tres fuentes en las cuales podemos buscar. Por cierto, una de las partes que más nos entusiasma de este libro es el abundante potencial para la comunicación significativa que se encuentra en estas cuatro fuentes.

En el siguiente capítulo, veremos cómo Susana buscó en la fuente de los objetos que usamos todos los días para obtener el deseo más profundo de su corazón: más tiempo con su esposo. Y a pesar de que ella no tuvo la intención, su descripción vívida nos alcanzó a nosotros y también produjo cambios en nuestras vidas.

8

La fuente de los objetos que usamos todos los días

En el capítulo anterior, vimos cómo la descripción vívida que Jorge sacó de la fuente de la naturaleza puso un corte definitivo a las palabras de crítica de su esposa. Ahora es tiempo de leer . . . el *resto* de la historia.

Al día siguiente de hablar con Susana, lo primero que hizo Jorge fue llamarnos a nuestra oficina para alardear acerca de los cambios producidos en su matrimonio. Durante varias semanas, escuchamos sus brillantes informes acerca de cómo Susana estaba poniendo todo su empeño en pulir sus palabras y su tono de voz.

Justo en el momento en que nos estábamos preparando para nominar a Jorge para el premio del "Cambio más sensacional en un matrimonio", él se presentó inesperadamente en nuestra oficina. John estaba dictando una conferencia. Los gestos y la mirada de Jorge decían a gritos que algo le molestaba. Le ofrecí una taza de café, y él me dijo que "no" en forma amable pero firme.

—Gary, si es posible, me gustaría hablar contigo unos minutos —me dijo él.

En cuanto lo conduje a mi oficina y cerré la puerta se abalanzó sobre mí con su verborrea.

—Muchas gracias —me dijo—. Tú sabes que el método que ustedes enseñan acerca de la descripción vívida nos ha ayudado mucho. Por primera vez en años, siento que Susana me comprende. Durante este mes pasado ha implementado cambios drásticos. Inclusive me ha estado diciendo las cosas que aprecia en mí en vez de criticarme.

Jorge hizo una pausa, como si estuviera esperando que yo dijera algo.

—Bueno, ¡eso no parece nada malo! —comenté, esperando que eso fuera todo, pero sabiendo que no lo era.

—Sí, pero ésa es sólo una parte de la historia —me dijo—. Hace una semana, Susana me preguntó si podía compartir una descripción vívida conmigo. Lo que ella me dijo me impactó de tal manera que los ojos se me llenaron de lágrimas, y todavía no me he podido recuperar.

"No comprendo cómo he podido ignorar este problema durante tantos años. Pero ahora comprendo cuál ha sido la esencia de su frustración con respecto a mí. ¡Tiene sentido! Ahora puedo ver por qué ella no me ha dejado tranquilo.

"Te puedo asegurar", comenzó Jorge meneando la cabeza, "que esta semana me la he pasado cavilando en todo esto. Tengo presente esa descripción vívida día y noche, y cada vez que pienso en ella, me impacta emocionalmente."

Acomodándose en la silla, y mirándome irónicamente, me dijo: "Pensé que eras mi amigo, Gary. ¡Muchas gracias!"

Concentrándose en una esfera de interés de Jorge y escogiendo el mejor momento para hablar, Susana le dio vuelta la tortilla a Jorge. La presa se convirtió en cazador, y le arrojó luz a un esfera oscura de la vida de Jorge.

Jorge prosiguió contándome la descripción vívida que su esposa le había dicho, escogida de la fuente de los objetos que usamos todos los días.

Mientras escuchaba la historia, mis ojos se abrieron para comprender un aspecto de mi matrimonio que yo también había descuidado. Al igual que Jorge, conscientemente yo no estaba tratando de causar problemas en el hogar. Sin embargo, constantemente estaba privando a Norma y me estaba privando a mí mismo de una relación más profunda. Yo no me había dado cuenta, hasta que escuché la descripción vívida que supuestamente estaba dirigida a otra persona.

Han pasado muchos años y cientos de sesiones de asesoramiento desde que Jorge vino a mi oficina, pero todavía puedo recordar lo que hablamos aquella tarde, y por una buena razón. La descripción vívida de Susana todavía posee el mismo efecto correctivo en mi matrimonio como la primera vez que la escuché.

Preparando el escenario

La tarde de aquel domingo estaba avanzada, y Jorge se encontraba en el garaje. Además de mirar eventos deportivos por televisión, tenía dos pasatiempos a los cuales no podía dedicarles mucho tiempo. El primero era cenar en restaurantes buenos, y si no fuera por la preocupación de tener que pagar las cuentas de su tarjeta de crédito, lo hubiera practicado todas las noches. Su otro amor se encontraba en ese momento en pedazos ante él.

Como la mayoría de los muchachos, Jorge había atravesado por la etapa de armar modelos de barcos, pero él no la había podido superar. Esparcido delante de él se encontraba su proyecto más ambicioso: un barco de madera parecido a los modelos de los años 1800, completo con las muescas en los tablones, sus mástiles de un metro, aparejos y las velas que todavía estaban sin cortar.

Después de toda la tensión que le producía enseñar y entrenar, Jorge encontraba que cenar afuera y armar esos modelos eran dos estupendas maneras de serenarse. Sabiendo que él estaba más abierto a la conversación cuando se encontraba sentado en un restaurante o en el banco donde armaba sus modelos, Susana se acercó a él cuando se encontraba en este último.

—¿Cómo marcha este proyecto? —le preguntó, deseando secretamente que ese último modelo no terminara en su dormitorio como tantos otros.

—¡Estupendo! —le contestó Jorge—. ¡Este se verá perfecto en el dormitorio! Ya tengo el lugar exacto donde lo pondré.

Sabiamente, Susana decidió que la discusión acerca de cuál sería la habitación en la que anclaría su modelo podía esperar hasta otro momento, y hasta otra descripción vívida.

—Mi amor —le dijo—, quiero que sepas nuevamente cuánto aprecio la historia que me contaste hace unos días. Realmente resulta comprensible, y trataré de alentarte más.

—¿Estás bromeando? —dijo Jorge, levantando la vista de su barco—. Estas dos últimas semanas has estado grandiosa. Yo sé que estás poniendo todo tu empeño, y lo aprecio mucho.

Durante algún tiempo, los elogios de parte de su esposo habían estado en la lista de cosas poco frecuentes. Estas palabras la sorprendieron tanto, que no solamente brindaron calor a su corazón sino que también la hicieron ruborizar. También le dieron más valor para seguir adelante con la descripción vívida que había estado practicando toda la semana con la esposa de otro entrenador.

—Gracias, mi amor. Es de gran valor saber que tú ves que lo estoy intentando. Tú sabes que vengo de una familia donde abundan las críticas, y me resulta muy fácil caer en ese error contigo.

—Jorge, cuando me estabas contando tu historia, no sólo la comprendí, sino que sentí que la *vivía*. Toda mi vida deseé que mi padre me amara y me abrazara cuando llegaba a casa, pero todo lo que encontraba era ira y rechazo. No deseo que nuestro hogar sea así. Sé que no seré perfecta, pero prometo que tendré mucho cuidado en las cosas que te digo.

—¡Estupendo! —dijo Jorge con una gran sonrisa, inclinándose sobre el modelo de su barco pensando que las descripciones vívidas eran lo mejor que se había inventado después del dulce de leche.

—Pero, Jorge —continuó diciendo Susana—, ¿puedo hablarte de algo?

—Por supuesto, adelante.

—Me gustaría compartirte una descripción vívida que expresa cómo me he sentido con respecto a nuestra relación.

Dentro de la mente de Jorge comenzó a sonar una pequeña alarma. Echó una mirada al teléfono esperando que sonara para rescatarlo. También echó una mirada para ver si veía a los niños, quienes siempre estaban haciendo algo semidestructivo a la casa o a sí mismos. Más de una vez se había salvado de conversaciones serias por tener que salir corriendo detrás de ellos. Pero Susana había elegido muy bien el momento.

Con renuencia, se encogió de hombros. —Por supuesto —dijo, inclinándose sobre su banco, y penetrando en una descripción vívida que cambiaría su vida.

Más que sobras

Pasando por alto "esa sombra" en el rostro de Jorge, Susana respiró hondo y comenzó a hablar. "Querido, realmente trabajas muy duro. Es por eso que siempre te quedas levantado hasta altas horas de la noche arreglando papeles, mirando filmaciones de los partidos o haciendo alguna otra cosa importante. Todo eso significa que cuando llegas a la cama estás exhausto. Como duermes tan poco, a la mañana siguiente casi no puedes levantarte de la cama. Pero hay algo que siempre te ayuda a ir a ducharte y a salir, y es pensar en tu tortilla de queso y una taza de café."

Jorge tuvo que sonreír. La cafetería donde se encontraban todos los entrenadores, servía un desayuno excelente.

"Me gustaría contarte una historia que he creado acerca de cómo es tu día", comenzó diciendo Susana. "Después de unas pocas horas de sueño, vas a desayunar y pasas unos momentos muy agradables con los otros entrenadores. Conversan de alguna nueva jugada que piensan implementar en el próximo partido, lo que el superintendente de la escuela decidirá acerca del pago de las horas extra, o de cuánto mejor eran los partidos cuando todos ustedes jugaban. Cosas por el estilo.

Hasta aquí todo es verdad, tuvo que admitir Jorge.

—No estoy absolutamente segura de lo que ordenas, pero apostaría que pides tu tortilla favorita, acompañada de rodajas de aguacate, pan casero de trigo y miel, untado con mantequilla y mermelada. Ah, casi me olvido, probablemente pides un vaso grande de leche helada y un pequeño vaso de jugo de naranja recién exprimido. ¿Estoy cerca de la verdad?

Susana estaba basando sus conjeturas en los cientos de desayunos que le había visto tomar. Por su entusiasta respuesta podía ver que su mente se estaba deslizando a su lugar favorito para desayunar.

—Cuando termina la reunión, se palmean la espalda y luego discuten acerca de quién pagará la cuenta. Pero antes de volver a tu automóvil, tú haces algo diferente: Le pides al encargado de la cafetería que te dé una bolsa de papel. Luego, regresas a la mesa, tomas algunos trocitos de huevo y de tostada que te sobraron en el plato y los pones en la bolsa. Pones la bolsa en tu bolso de mano (el que utilizas en lugar de portafolios) y te diriges a la escuela."

Hasta el momento de la bolsa y de las sobras, Jorge había

estado de acuerdo con ella. Ahora, su mente volaba tratando de imaginar qué significado podía tener esa bolsa de papel en la descripción vívida. Pero antes que pudiera hacer ninguna pregunta, ella prosiguió.

"Durante toda la mañana enseñas historia, lo cual te gusta mucho, y antes que te des cuenta, llega la hora del almuerzo. Como tu oficina queda cerca de la cancha, tú y los demás entrenadores salen de la escuela para dirigirse a una elegante cafetería. Allí ordenas un pastel de pavo, cuya hojaldrada masa está llena de trozos de carne blanca, de los vegetales más frescos y de una cremosa salsa blanca. Por supuesto, no sería almuerzo si no lo acompañaras con una buena ensalada y un vaso de té helado.

"Todos ustedes pasan un gran momento hablando acerca de los deportes y bromeando. Luego, tal como lo hiciste durante el desayuno, pides una pequeña bolsa de papel al terminar. El mozo te la trae a la mesa, tú pones pequeños pedazos de sobras y luego la colocas dentro de tu bolso de mano antes de dirigirte nuevamente a la universidad.

"Después de una larga tarde enseñando álgebra, debes permanecer en la escuela para la práctica de fútbol. Es tarde ya pero tú todavía tienes que hablar de algunas cosas, entonces tú y los muchachos se encuentran en la heladería que está en el centro comercial.

"Tienes una pequeña lucha con tu conciencia por el tema de las calorías, pero cuando viene el camarero, ordenas un helado de chocolate con nueces molidas y otras exquisiteces encima. También pides un platillo de almendras tostadas y una Pepsi dietética. Por supuesto, tomas la gaseosa dietética porque cancela las calorías de tu helado", dijo Susana con una sonrisa.

"Y por tercera vez, recoges lo que ha quedado en la mesa. Juntas un poco de helado derretido, de crema batida y de nueces, lo pones todo en una bolsa y lo guardas dentro de tu bolso de mano.

Jorge no sólo estaba sintiendo hambre al escuchar la historia, sino que se encontraba confundido tratando de adivinar qué se proponía su esposa con esa historia. *¿Para qué le habré enseñado a crear descripciones vívidas?*, se reprochaba a sí mismo. Finalmente no pudo soportar más el suspenso.

—¿Estás tratando de decirme que tengo tantas manchas de

comida en mi viejo bolso de mano que es hora de que me compre uno nuevo? —le preguntó Jorge con una sonrisa de esperanza—. ¿O me estás sugiriendo que debería llevarte a cenar afuera esta noche?

Este fue un débil intento por tratar de apresurar el proceso o al menos por tratar de quebrar un poco la tensión que se estaba acumulando dentro de sí. Lamentablemente, esto no dio resultado.

—Vamos, déjame terminar —le dijo Susana—. Ya casi he terminado.

Y continuó con su historia: "Durante todo el día, mientras tú estás en el trabajo, yo deseo tenerte cerca de mí. Pienso en que podamos ir a algún lugar y conversar largo y tendido sobre todo lo que tenemos que hablar. Pero no soy yo solamente. Los niños te aman mucho y también desean ser parte de tu vida.

"Bueno, después de esperarte durante todo el día, finalmente escuchamos que se abre la puerta del garaje. Estamos tan deseosos de pasar algún tiempo contigo, que nos paramos al lado de la puerta que da al garaje pensando que tal vez nos llevarás a cenar a algún lugar agradable donde todos podamos conversar y reír, y conocernos mejor.

"Y entonces se abre la puerta, pero tú no te detienes a conversar con nosotros o a ponernos al tanto de lo que ha sucedido en tu día. Simplemente pasas a nuestro lado y nos das a cada uno de nosotros una bolsa con sobras de comida. Luego te diriges a encender el televisor o vienes aquí a tu mesa de trabajo. En lugar de disfrutar de una verdadera comida juntos, nosotros nos quedamos en la puerta, sosteniendo esas aplastadas y engrasadas bolsas de sobras.

"No creas que yo no quiero que tú tengas un pasatiempo, Jorge. Esa no es la razón por la cual te estoy contando esta historia. Necesitas tiempo para descansar y relajarte, y deseo que lo hagas. Pero durante todo el día, los niños y yo hemos deseado estar contigo. Hemos esperado para descubrir qué es lo que está sucediendo en tu vida, y para que tú nos preguntes qué está sucediendo en la nuestra. Pero tú ya has estado todo el día con personas que son realmente importantes para ti, tus jugadores y los otros entrenadores. Por lo tanto, en lugar de darnos lo mejor cuando llegas a casa, todo lo que obtenemos son sobras.

"Pienso que ésa es la razón por la cual me he sentido

defraudada en nuestra relación a lo largo de los años, y la razón por la cual te he regañado tanto durante las temporadas de fútbol. Recuerdo que mi madre siempre estaba hambrienta de comunicación significativa con mi padre. Y ahora yo me encuentro a las puertas de mi matrimonio, tal como le sucedió a ella, esperando disfrutar de una cena satisfactoria contigo, deseando tiempo para conversar y reír y conocerte, anhelando comunicarme contigo en la misma manera en que lo hacen tus compañeros. Los niños y yo deseamos eso, pero todo lo que obtenemos son bolsas de sobras. Querido, ¿no te das cuenta? No necesitamos sobras. Te necesitamos a ti. "

Aquella tarde, lo último que yo deseaba era escuchar una descripción vívida, particularmente una que me hizo detener en seco. Cuando Jorge terminó de hablar, no era el único que tenía lágrimas en los ojos. Yo sabía que no podía pasar por alto el mensaje que esta descripción vívida tenía para mi vida.

A causa de mis viajes y de todas las horas que pasaba ayudando a otras personas, mi calendario de actividades probablemente era el doble del de Jorge. Al igual que él, yo les estaba dando a mi esposa y a mis hijos algunas sobras por las noches y los fines de semana. En lo profundo de mi ser, yo lo sabía, y Norma y mis hijos también lo sabían.

Aquella noche, cuando regresé a casa, las cosas comenzaron a cambiar en mi casa, tal como habían cambiado en la de Jorge. Le conté a Norma la descripción vívida que había escuchado, y su respuesta confirmó que teníamos un problema. Yo había estado trayendo sobras a mi familia, en lugar de proveerles una comida nutritiva de acercamiento emocional.

En las semanas siguientes, no podía entrar a mi casa para dirigirme al televisor sin darme cuenta de que estaba repartiendo pequeñas bolsitas con sobras de comida. No me gusta admitirlo, pero mis días de pasividad frente al televisor estaban contados.

Algo más también cambió como resultado de aquella descripción vívida. Telefoneé a mi supervisor, diciéndole que necesitaba disminuir el tiempo que pasaba viajando. Habiendo recibido el profundo desafío de pasar más tiempo con mi familia, estaba preparado para buscar otro empleo si mi compañía no podía cambiar mis responsabilidades. En particular, buscaría un empleo que no privara a mi familia de mi presencia.

Las sobras de comida son sólo uno de los miles de objetos que podemos encontrar en esta segunda fuente. Los objetos que usamos todos los días, cuando los unimos a los intereses de la otra persona, pueden llenar de significado la comunicación.

También pueden proporcionar una tremenda fuerza interior y un tremendo aliento, como le sucedió a otro hombre. Para él, un objeto que usaba a diario le proporcionó la esperanza de vivir en medio de una situación desesperada. Y lo que es más, le ganó el respeto de sus hijos de por vida, respeto para él y para su país.

Un cuadro de esperanza en medio de una situación desesperada

Desde el momento en que su embarcación se detuvo, Jaime se sintió como si hubiera llegado a las puertas del infierno. A su alrededor todo era cenizas negras que le quemaban los ojos y que no se las podía quitar de la piel. Por todas partes se veían muertos y los olores del lugar eran terribles.

Cuando Jaime escuchó por primera vez las palabras Iwo Jima, no encontró en ellas ningún significado especial; pero el tiempo se encargó de dárselo. Muy pronto, como muchacho de diecinueve años perteneciente a la Quinta División de la Marina, se dio cuenta de que aquella palabra significaba que todas las pesadillas que jamás había tenido, ahora cobraban vida delante de sus ojos.

El paisaje estaba lleno de cráteres, mientras una flotilla de barcos de guerra bombardeaba la isla antes que los infantes de marina desembarcaran. Sin embargo, el enemigo había tenido casi cuatro meses para elegir sus posiciones, por lo tanto el bombardeo ininterrumpido generalmente no tenía efecto. Habiendo tenido tanto tiempo para prepararse para la invasión norteamericana, el enemigo tenía cada centímetro de la playa cubierto con rifles y artillería.[1]

Las primeras horas de Jaime en la playa transcurrieron tratando de cavar una trinchera lo suficientemente profunda como para evadir la mortal lluvia de balas que descendía sobre ellos. Sin embargo, la arena volcánica llenaba su hoyo tan rápidamente como él lo cavaba, dejándolo expuesto al constante fuego del enemigo. Al aumentar el calor y la humedad del día, Jaime se quitó su poncho y su chaqueta, pero al oscurecer, la temperatura descendió bruscamente, así que estuvo temblando de frío toda la noche.

Fue un milagro, ganado por sangre y valor, que él y sus compañeros pudieran salir de aquella playa. De todas maneras, ese avance se logró a un tremendo costo. Cuerpos de ambas fuerzas yacían despedazados, irreconocibles, testimonio mudo de lo que les esperaba más adelante.

Mientras conversábamos con este veterano de guerra, sus ojos se llenaban de lágrimas recordando aquellos horribles días. El tiempo había mitigado algunos de los horrores que había visto y oído, pero cinco palabras que le dijo uno de sus compañeros permanecen hoy en su mente tan vívidas y brillantes como la luz del sol.

Era el 21 de febrero de 1945, dos días después del desembarco. Jaime se había refugiado en un pequeño cráter producido por una explosión de la artillería. El bombardeo que provenía de las montañas los había mantenido despiertos casi toda la noche. El nuevo día había amanecido lluvioso y con una intensa neblina que se extendía a las distantes lomas. Pero cuando el cielo se despejó y los japoneses pudieron ver sus blancos, a las explosiones de la artillería se sumaron los disparos de armas pequeñas.

A estas alturas, Jaime había perdido toda esperanza de salir de aquella isla con vida. De los catorce hombres de su compañía, sólo él y cinco más no habían sido heridos o muertos. En sólo dos días, había visto demasiada muerte. Pero la cruel realidad recién comenzaba a mostrarse. En Iwo Jima murieron más infantes de marina que en todos los otros campos de batalla juntos de la Segunda Guerra Mundial.[2] Habían muerto tantos a su alrededor y tantos habían resultado heridos, que él sentía que tenía las mismas posibilidades de vivir que una burbuja de jabón en el viento.

Fue entonces cuando su cabo se le acercó y le sonrió. —¿Todavía estás vivo, Jaime? —le dijo, ofreciéndole a Jaime un trago de agua de su cantimplora—. Les estamos ganando, ¿sabes?

—¿Cómo lo sabe? —le preguntó Jaime con un débil sonrisa—. Nadie vino corriendo hacia mí con una bandera blanca anoche.

—Mira, hijo, sé lo que digo. Mañana verás a nuestros muchachos en lo alto de aquella colina. Lo lograremos.

Luego levantó la vista hacia el volcán cubierto de niebla y dijo las palabras que Jaime jamás olvidará: —Mañana verás la bandera allí.

Desde el momento en que los infantes de marina divisaron por primera vez Iwo Jima desde las cubiertas de sus barcos, habían estado mirando al punto más alto de la isla. Era la cima del monte Suribachi, un volcán inactivo. Tenía solamente 150 metros de altura, pero por la manera en que llovía la muerte por sus escarpadas laderas, parecía más bien el monte Everest. Tener la bandera norteamericana flameando en la cima de este monte significaría, al menos en ese caso, que la muerte habría perdido su aterradora victoria. También sería la mejor vista que un infante de marina podría tener desde su desembarco.

Tal como siguieron los acontecimientos, Jaime no pudo ver la bandera durante dos días más, y su cabo nunca llegó a verla. Murió en la acción aquella noche. Pero el 23 de febrero de 1945, habían tomado la montaña.

Mientras la bandera de las franjas y las estrellas ondeaba en el aire por primera vez, los hombres que se encontraban en la isla se levantaron y gritaron jubilosos, pasando por alto el riesgo que corrían al descubrir sus posiciones.

Cuando Jaime vio la bandera, las palabras de su cabo volvieron a su mente con toda su fuerza. Y aquellas mismas palabras fueron las que le dieron la fuerza para seguir adelante durante los ocho días siguientes, hasta que fue herido gravemente y lo tuvieron que sacar de la isla.

"Cuando salí de Iwo Jima, sentí que me habían devuelto la vida", dijo Jaime. "Nunca podré olvidar lo que fue aquello. En los años siguientes, cada vez que las cosas me salen mal, recuerdo las palabras de mi cabo. Cuando el panorama se ve negro, sencillamente me digo a mí mismo: 'Mantente firme, Jaime. Mañana verás la bandera allí.'"

A través de los años, en los momentos cuando las pruebas han sido más duras, Jaime ha recordado estas palabras que una y otra vez le levantan el espíritu. Muchas veces las ha utilizado con sus hijos. Si perdían un partido importante, fracasaban en un examen o rompían con su novia, él les decía: "Mañana verán la bandera allí." Esta frase siempre iba acompañada de un abrazo, y siempre les daba la esperanza de otro nuevo día.

Jaime nunca les contó a sus hijos todos los horribles detalles de los once días que pasó en Iwo Jima. Pero les contó lo suficiente como para que lleven un pedazo de aquella isla abandonada en sus mentes: la descripción vívida emocional que tomó de una isla y de una bandera. Ellos recuerdan cinco palabras de esperanza que hablan de un día mejor que vendrá y les ofrecen el valor para aguardar ese día.

Al final de la década de los años sesenta, se puso de moda en muchas escuelas quemar las banderas norteamericanas. Pero los hijos de Jaime, que en aquel momento se encontraban en la universidad, jamás pensaron en unirse a esos actos. La bandera flameaba orgullosamente en sus vidas. No solamente simbolizaba un país orgulloso, sino también era un símbolo de esperanza, de valor y de perseverancia.

Ellos no podían mirar una bandera sin ver lo que estaba detrás. Hasta el día de hoy persiste ese sentimiento. La bandera no es meramente un pedazo de tela con franjas y estrellas; representa a su padre que sobrevivió y a los muchos hombres que murieron en campos de batalla como el de Iwo Jima.

Al utilizar objetos cotidianos para formar una descripción vívida (como bolsas de sobras de comida, banderas, relojes, sillas y demás) podemos dejar una impresión vívida y duradera en el corazón de nuestro interlocutor.

Toma un momento ahora mismo para reflexionar con respecto a tus relaciones. ¿Hay alguna persona que esté atravesando una situación difícil a la que debas alentar? Una descripción vívida te puede ayudar. ¿Hay alguna persona que se está alejando de su familia y a la que tú deseas acercar nuevamente? Una descripción vívida te puede ayudar. La fuente de la naturaleza y la fuente de los objetos que usamos todos los días son dos lugares en los que podemos buscar ayuda y esperanza. También puedes buscar imágenes en la tercera fuente, la fuente de las historias imaginarias.

Continúa leyendo para aprender cómo el presidente de una compañía cambió radicalmente a una vendedora demasiado agresiva.

9

La fuente de las historias imaginarias

Las ventas habían sido muy buenas otro trimestre más. Jay Campbell se encontraba sentado a su escritorio, visiblemente satisfecho mientras echaba una mirada a los buenos informes que le habían entregado aquel día. Como fundador y presidente de la compañía, la había visto crecer a pasos agigantados, particularmente debido a su relación con una firma muy importante que siempre ordenaba grandes cantidades de sus productos.

Tal vez me tome la tarde libre y vaya a jugar al golf, estaba pensando cuando la voz de su secretaria se escuchó en el intercomunicador.

"Discúlpeme, señor, pero el señor Devlin le llama por teléfono", dijo. "Creo que es importante."

Hacía a penas una hora que Jay, con su firme voz de presidente, le había dicho a su secretaria que pusiera el cartel "estoy en una reunión". Sin embargo, como todas las experimentadas secretarias ejecutivas, ella sabía que ciertos nombres removían cualquier cartel que hubiera en la puerta.

El señor Devlin era el presidente de Valco, la gran compañía que era responsable de la mayoría de aquellas buenas ventas. Por

99

lo tanto, la irritación inicial que Jay sintió por esa interrupción fue reemplazada rápidamente por su acostumbrada admiración ante la sabiduría de su secretaria.

Oprimiendo el botón cercano a la luz intermitente, Jay levantó el receptor y dijo: —Hola, Mark. ¿Qué haces esta tarde?

—¿Qué que hago? —la voz al otro lado del teléfono demostraba mucho enfado—. Te diré lo que estoy haciendo. Estoy tratando de calmarme después de haber tenido que decirle a una de tus vendedoras que saliera de mi oficina, ¡y me cuesta bastante trabajo hacerlo!

—¿Que tuviste que hacer qué . . .? —dijo Jay con los cinco sentidos alerta prestando atención. En su mente comenzaron a aparecer números de ventas que caían a plomo al continuar escuchando la irritada voz en el teléfono.

—Esta mujer de *tu* compañía le ha hecho perder una hora a mi gerente tratando de obligarla a realizar un nuevo pedido. Y esto lo hizo después que se le había dicho que no. Luego, cuando entré en escena y le dije que se fuera porque nos estaba haciendo perder mucho tiempo, me dijo que yo era *rudo* por no escuchar lo que ella tenía que decir acerca de un nuevo producto. Escúchame, Jay, no me importa cuánto dinero nos puedas ahorrar. Cuando le digo que no a alguien, ¡es no! Y te prevengo que si esa mujer pone los pies de nuevo en mi oficina, puedes cancelar nuestras cuentas corrientes y olvidarte de nuestras compras en el futuro.

¡Clic! El teléfono al otro lado de la línea sonó como un portazo. En otro tiempo, Jay había recibido reprimendas. Recordaba las furiosas palabras de su padre cuando él le había dado un baño de espuma a su tortuga, los gritos del entrenador de fútbol cuando se quedaba dormido mientras proyectaban las películas de los partidos, las horadantes palabras del sargento ante todo lo que él hacía. Inclusive su esposa le leía la cartilla algunas veces; pero que su cliente más importante le gritara por el comportamiento de una de sus vendedoras, *eso* era demasiado.

Jay comenzó a caminar por su oficina echando humo, pensando en el problema que tenía entre manos. Sin necesidad de escuchar un solo nombre, él sabía quién era la responsable. Después de todo, entre sus vendedores había una sola mujer.

Sally era la persona que realizaba más ventas de su compañía. Y durante los últimos cuatro meses había mantenido su récord de ventas. Tenía una gran habilidad y determinación para cerrar una venta. Pero últimamente, se había puesto tan insistente, que cerraba casi tantas puertas como las que abría. A Jay le gustaba su entusiasmo y su naturaleza emprendedora, y no deseaba despedirla; pero se daba cuenta de que estaba a punto de perder al mejor cliente de su compañía. El sabía que tendría que confrontarla aquella misma tarde.

Al prepararse para ese encuentro, Jay recurrió a la fuente de las historias imaginarias para encontrar ayuda. Después de escoger la descripción vívida adecuada, basada en una de las cosas más embarazosas que según él podían suceder, practicó mentalmente sus palabras varias veces y esperó a Sally.

Sally no lo sabía, pero las palabras de Jay le llegarían a lo más profundo del corazón. Por cierto, la historia imaginaria de Jay causaría tal impacto en Sally, que en el futuro, la simple mención de esta conversación haría que instantáneamente dejara de actuar con agresividad.

—Pase —le dijo Jay cuando Sally asomó la cabeza en su oficina. Solamente en raras ocasiones le habían pedido que se presentara en la oficina del presidente. Esta vez la nota que él había dejado en su escritorio decía "Urgente".

—Vine en cuanto vi su nota, señor Campbell —dijo Sally. Con alivio vio que el director estaba sonriendo mientras se ponía de pie.

—Por favor, pase y cierre la puerta. Siéntese aquí —le dijo—. Hay algo de lo cual deseo hablarle.

Cuando ella se hubo sentado, él comenzó la descripción vívida.

"Sally, cuando esta compañía recién había comenzado, yo era quien realizaba todas las ventas. Y durante aquel tiempo, ¿sabe lo que solía pensar que era lo peor que podría llegar a ocurrirme?

Sin esperar respuesta, Jay prosiguió con su historia. "Imagínese la siguiente escena. Yo me encuentro en la sala de conferencias de uno de nuestros mejores clientes, muy entusiasmado por hacer mi presentación. Tengo todos mis gráficos y cuadros listos. Sin lugar a dudas, estoy preparado cien por ciento para lograr el éxito y firmar el contrato en ese instante.

"El presidente de la corporación está sentado a mi lado. El dice unas pocas palabras de presentación, y entonces me toca a mí ponerme de pie y presentar nuestro producto a toda la junta directiva.

"Comienzo a hacer la presentación. Estoy hablando en voz alta y haciendo ademanes como loco, cuando de repente mi mano golpea la cafetera que se encuentra justo frente a mí, ¡volcándola sobre las piernas del presidente! Y estoy hablando de una cafetera llena de café hirviendo.

"Puede imaginarse la escena. El director grita y da un tremendo salto. Todos los que se encuentran alrededor de la mesa hacen todo lo posible por no reírse, pero por dentro se están riendo. Entonces yo tomo un montón de toallas de papel y trato de ayudar al presidente a secarse. Pero debido al lugar donde cayó el café, resulta muy embarazoso tratar de ayudarle. Por último, totalmente disgustado conmigo, él me quita de un manotazo las toallas de papel y trata de secarse por sí mismo.

"Todo el tiempo, trato de calmarlo para poder salvar la presentación de mi venta. Señalo los gráficos y los cuadros en los cuales trabajé tanto tiempo, mostrándole cuánto dinero pueden ahorrar con ese nuevo producto. Pero él ya no está interesado en escucharme. Se siente muy molesto de estar sentado a mi lado y mucho más de tener que escucharme."

El cuadro que representaba su jefe mientras contaba la historia era tan cómico que, a pesar de sí misma, Sally reía junto con él.

Cuando la risa finalizó hubo una pausa larga. Finalmente Sally preguntó: —Señor Campbell, ¿me llamó usted solamente para contarme esta historia?

—Bueno, en cierta manera sí, Sally —dijo Jay tornándose serio—. Verá, esta mañana usted derramó café hirviendo sobre las piernas de alguien.

Nuevamente un largo silencio se produjo entre ambos antes que Sally preguntara con voz temblorosa: —¿A qué se refiere?

En lo profundo de su ser ella sabía a qué se refería, pero sentía que su actitud de intentar por todos los medios que aquella gerente de ventas escuchara toda su presentación era justificada. Después de todo, ella había trabajado mucho para preparar aquella venta, y en el fondo de su corazón sentía que aquella gerente se había equivocado al no tomarse el tiempo de escucharla.

Jay continuó: "Sally, esta mañana cuando se encontraba en la oficina de Valco realizando su presentación, estaba tan entusiasmada que volcó una cafetera llena de café hirviendo sobre las piernas de la gerente de ventas. Yo sé que usted hace un trabajo muy bueno presentando nuestros productos, y que trabaja con ahínco tratando de vencer la resistencia a las ventas. Pero a pesar de todas sus buenas intenciones, casi nos hace perder a nuestro principal cliente por ir tan lejos con su insistencia. Esta gerente de ventas le dijo claramente que no estaba interesada en comprar ninguna otra cosa en ese momento. Sin embargo, usted estuvo una hora tratando de obligarla a tomar una decisión que no quería tomar.

"Como si eso fuera poco, cuando vino el presidente y le pidió que se fuera, ¡también le arrojó café! En realidad, al decirle que era rudo al no permitirle concluir, fue como tomar la cafetera y arrojarle café caliente encima. Cuando usted se fue, él me llamó por teléfono."

Jay se acercó a la silla de Sally y la miró directamente a los ojos. "Sally, si arroja café hirviendo sobre las personas, lo único que logrará es arruinar relaciones y perder clientes que ha llevado años ganar, y no conseguir una venta. Y debo decirle que estoy preocupado por usted como empleada y como persona. Verá, Sally, la gente habla. Sé que está teniendo problemas en la relación con los otros vendedores. Sé que existen la competencia y los celos, y no estoy tratando de pasar por alto su posición en cuanto a las ventas, pero está arruinando sus relaciones en la oficina arrojando café sobre las personas. Y a pesar de que no pretendo ir a lo personal, imagino que probablemente lo hace también con sus amigos fuera de la oficina.

"Si quema a una persona una vez, puede tomarlo como un accidente, pero si lo sigue haciendo, usted será la persona más solitaria del mundo. Si desea sentenciarse a la soledad en su vida personal, es cosa suya, pero si sigue quemando a nuestros principales clientes, le costará el trabajo."

Otras personas habían tratado de hablar con Sally acerca de su excesiva agresividad (tanto en el trabajo como en su vida personal), pero ella siempre lo había tomado como celos. Siempre se excusaba diciendo: "Ellos no comprenden la situación", o "No tiene nada de malo tener opiniones fuertes."

Sally provenía de una familia que le había legado como herencia el enojo y la pelea. Cuando escuchaba la palabra "no" de uno de sus clientes, sus viejas emociones se encendían, haciendo que reaccionara exageradamente y que cayera en el ataque verbal.

Nunca había estado dispuesta a considerar su naturaleza excesivamente agresiva, ya que eso la hubiera obligado a traer a la memoria recuerdos demasiado dolorosos.

Durante años, nada ni nadie pudo vencer sus blindadas defensas. Pero una conversación significativa lo logró, cuando su jefe le presentó una descripción vívida emocional. Fue como si hubiera arrancado uno de esos carteles grandes que están al costado de la carretera y lo hubiera plantado en el jardín del frente de su casa. Esta vez, Sally no pudo dejar de comprender el mensaje de que era demasiado agresiva.

Un tiempo después Jay nos dijo: "Sally sigue siendo mi mejor vendedora, y todavía es bastante agresiva. Pero ahora es mucho más sensible con nuestros clientes. En dos años, no ha vuelto a quemar a nadie, incluyendo a las personas de la compañía Valco."

Ese hombre de negocios no se daba cuenta, pero no solamente había ayudado a Sally a no perder su trabajo, sino que también le había dado un tremendo regalo. La actitud de Sally hacia sus compañeros de trabajo y hacia sus amigos había cambiado totalmente.

El ultimátum de su jefe, envuelto en una descripción vívida, logró algo más que asustarla. La transformó. El claro cuadro que él le pintó se apoderó tan fuertemente de sus emociones, que nunca pudo volver a ser excesivamente agresiva sin imaginarse que tenía en sus manos una cafetera llena de café hirviendo.

Jay sacó su descripción vívida de esta tercera fuente, la de las historias imaginarias, cuyo límite es la imaginación de la persona. Por cierto, las historias imaginarias destruyen cualquier limitación que puedan tener las palabras que usamos todos los días.

Como mencionamos anteriormente, a la gente le encanta escuchar historias. Cuando la gente comienza a escuchar una historia, es como si recibiera una invitación a tratar de adivinar su desenlace. También cautiva la atención del oyente y deja un recuerdo duradero de lo que hemos dicho.

Las historias imaginarias pueden utilizar objetos que usamos todos los días o cosas de la naturaleza, como hemos visto en las dos fuentes anteriores. Además, pueden presentar un acontecimiento, una situación o una ocupación involucrando al oyente en la narración.

Hasta aquí, tienes miles de opciones para crear descripciones vívidas que se encuentran disponibles en estas tres fuentes inagotables. Sin embargo, las imágenes de la cuarta fuente pueden capturar el corazón de una persona mucho más rápidamente que cualquier otra.

En la fuente del "recuerdas cuando . . .", verás cómo una descripción vívida nos sirvió de tremenda ayuda a nosotros dos mientras trabajábamos juntos escribiendo libros y dictando conferencias. Las palabras "recuerdas cuando . . ." traen a la mente algo terriblemente embarazoso y cambian instantáneamente nuestras actitudes y acciones.

10

La fuente del
"recuerdas cuando . . ."

Mientras que las otras tres fuentes que hemos examinado pueden acrecentar nuestra comunicación, esta cuarta fuente tiene una ventaja importante sobre las otras: la capacidad de recrear un cuadro que ya se encuentra en la memoria de la persona. Y al hacerle recordar un hecho pasado, traemos a la memoria sentimientos vívidos que él o ella experimentaron en aquella oportunidad.

En un reciente estudio, los médicos han tratado de encontrar las zonas del cerebro que controlan los recuerdos.[1] Trabajando con voluntarios, los investigadores han estimulado eléctricamente porciones de la corteza cerebral y han descubierto que los pacientes repentinamente recuerdan cosas tales como el aroma de algo que comieron o alguna experiencia particularmente feliz. Después de un momento, los doctores notaron un efecto secundario inesperado en los voluntarios. Cuando se revivía un cierto recuerdo, también se recordaban los *sentimientos* que acompañaron a aquel suceso.

De una manera personal, yo (John) vi este fenómeno con mi padre y otros veteranos de guerra. Mi padre nos contó acerca de sus experiencias en la guerra solamente una vez. Esto fue en el año 1969, el día antes que mi hermano gemelo Jeff y yo nos tuviéramos que presentar a la junta que reclutaba soldados para la guerra del Vietnam. Casi durante dos horas, nos contó historia tras historia de la Segunda Guerra Mundial. Lo hizo porque si éramos reclutados, él deseaba que supiéramos que la guerra no es como la pintan las películas.

Muchos veteranos de guerra experimentan un efecto desagradable al recordar los horrores de la guerra. Al traer a la memoria las imágenes que tienen en la mente, nuevamente vuelven a sentir el temor, la ira y el dolor. No debemos asombrarnos de que no quieran hablar acerca de la guerra. ¿Pero qué efecto tiene este descubrimiento en la conversación significativa?

Cuando unes un mensaje presente a una experiencia del pasado, tomas un atajo hacia las emociones de la persona. Esto sucede porque mezclas tus palabras con sentimientos del pasado, multiplicando así el impacto de tu mensaje. El resultado final es que las palabras que deseas transmitir reciben una increíble vividez y claridad.

Normalmente, los hombres están mucho menos en contacto con sus emociones que las mujeres. Por lo tanto, cuando los hombres enfrentan la tarea de desenterrar acontecimientos del pasado y recuerdos en el proceso de asesoramiento, también enfrentan un torrente de emoción. En gran parte, ésta es la razón por la cual muchos hombres se resisten inicialmente a buscar asesoramiento personal o matrimonial. Si pueden vencer esta resistencia, la unión de los recuerdos con los sentimientos tiene su lado positivo. Esto es especialmente cierto en la esfera de la comunicación significativa.

Por ejemplo, supongamos que tienes un problema grande con alguien. Al utilizar una descripción vívida de la fuente del "recuerdas cuando . . ." puedes apelar instantáneamente a las emociones que fueron parte de aquella experiencia. Al recurrir a ellas, creas un lazo emocional que trae un nivel más profundo de comprensión a la conversación.

¿Necesitas solucionar un problema? ¿Lograr que una relación sea más profunda? ¿Aclarar un punto importante en una conversación? ¿Expresarle tu agradecimiento a alguien por un favor recibido? Entonces, el recuerdo de una experiencia pasada puede ser la llave para encontrar y utilizar una descripción vívida efectiva.

A través de los años, una descripción vívida especialmente gráfica extraída de la fuente del "recuerdas cuando . . .", nos ha mantenido más de una vez dentro del curso que debe tener nuestro trabajo, y ha evitado que tomemos decisiones de último momento que podrían haber sido desastrosas.

¿Recuerdas cuando estábamos en Forest Home?
Si alguna vez estás lo suficientemente cerca de nuestra oficina como para poder escuchar, no pasará mucho tiempo antes que nos escuches decir: "¿Recuerdas cuando estábamos en Forest Home?" Cuando estas palabras surgen en medio de una conversación o de una decisión que estamos enfrentando, siempre traen una nueva luz al asunto y nos ayudan a pensar más. Esto sucede porque esta frase representa una poderosa descripción vívida para nosotros, proveniente de uno de los momentos más vergonzosos y humillantes de mi vida (John).

Situado en las hermosas montañas del sur de California, Forest Home es uno de los centros de conferencias más lindos de nuestro país.[2] Debido a sus increíbles comidas, sus sobresalientes programas y la belleza natural que lo rodea, ese campamento está atestado de gente durante el verano.

Hace varios años, nos pidieron que fuéramos con nuestras familias para dictar algunas conferencias. Como Gary es un orador de experiencia, le pidieron que hablara todas las mañanas a un grupo de más de 450 personas. Y a mí me pidieron que hablara en una sesión más pequeña por la tarde (lo cual era un tremendo honor ya que era mi primera vez en Forest Home).

Durante meses trabajé tratando de perfeccionar mi mensaje. Me habían dicho que mi audiencia constaría de unas cuarenta a sesenta personas, y fui preparado con gran cantidad de ejemplos, listas y notas. En lo profundo de mi ser, yo sabía que éste sería un paso muy importante en mi carrera de orador. Lo que yo no sabía es que también sería una cáscara de banana sobre la cual resbalaría y caería de bruces.

Durante la primera charla matutina de Gary, él ilustró el tema de ayudar a la gente a aceptar y valorar las diferencias de los demás. En esa charla, explicó que nosotros a menudo utilizábamos un excelente examen de la personalidad, llamado Performax,[3] para ayudar a las parejas a relacionarse mejor. Entonces fue cuando sucedió.

En un momento de inspiración, Gary les dijo a todos los que se encontraban allí: "Este examen puede ser de tanta ayuda para un matrimonio o para una familia, que John puede dárselos a ustedes esta tarde. En lugar de dar el curso regular, estoy seguro de que él estará dispuesto a cambiar y a darles a todos ustedes el Performax."

La idea sonó mejor después de haberla dicho, entonces con más volumen e intensidad continuó diciendo: "Muy bien, amigos. El doctor Trent es un instructor capacitado para dar este examen. ¡Con toda sinceridad, es un experto! No sé qué era lo que tenían planeado para esta tarde, pero sea lo que sea, cancélenlo. Les garantizo que el tiempo que pasen esta tarde con John será la hora más importante de toda la semana."

Yo me quedé helado en mi silla ante la aclamación del auditorio. Mi cerebro repetía una y otra vez sus palabras. No podía creer lo que mis oídos estaban oyendo. El temor se apoderó instantáneamente de mí. Deseaba dar un salto y gritar: "¡Gary, espera un minuto! ¿Qué estás diciendo? ¡Durante meses me he preparado para hacer otra cosa! Además, no hay tiempo para encargar el montón de exámenes y otros papeles que se necesitan para semejante cantidad de gente."

Mientras Gary continuaba hablando, pude darme cuenta de cuáles eran sus motivos. No estaba pensando solamente en que la gente recibiría una gran ayuda al tomar ese examen, sino que estaba tratando de apoyarme y de hacer de mí un éxito instantáneo en Forest Home.

Antes que yo tuviera el valor (o la inteligencia) como para ponerme de pie y decir algo, Gary cerró su presentación con otra conmovedora invitación para que todo hombre y toda mujer estuviera presente en la sesión de la tarde. Hizo tanto énfasis, que cualquiera que no asistiera a mi clase sería etiquetado como un sicópata introvertido.

Aunque me sentía clavado al piso, hice un esfuerzo sobrehumano para ir tambaleándome hasta donde estaba Gary, para ver si había sido atacado por alguna enfermedad mental. Tal vez, eso era lo que le había hecho decir lo que dijo. En mi camino hacia la plataforma, muchas personas me palmearon la espalda y me dijeron cosas tales como: "¡No veo la hora de que llegue la sesión de la tarde!", y: "Nuestra familia iba a realizar la excursión en jeep esta tarde, ¡pero la cancelaremos para escucharlo a usted!"

Cuando llegué al lugar donde se encontraba Gary, había recibido diez veces más respuestas positivas de lo que jamás había recibido al dar un mensaje. ¡Y eso fue antes de decir mi primera palabra en Forest Home!

Al igual que un candidato presidencial ganando adeptos en un estado tras otro, yo me sentí atrapado en un tremendo momento creado por las expectativas de las personas. Y cuando finalmente pude hablar con Gary, me agrandó más de lo que ya estaba.

"¡Tú puedes hacerlo, John!", me dijo. "No necesitas tener el examen para darlo. Simplemente explícalo. No necesitas prepararte mucho. ¡Sé que te irá muy bien! ¡Vamos, muchacho, tú puedes hacerlo!"

Cuando Gary terminó de hablar, yo estaba listo para saltar a la plataforma y dar mi conferencia en aquel mismo instante. La hora y media que separaba el almuerzo de mi conferencia, me pareció eterna. Yo me imaginaba que mi presentación cambiaría vidas, restauraría matrimonios y sanaría cualquier problema imaginable entre padres e hijos.

Inclusive me parecía ver al director de aquel lugar caminando hacia mí después de la presentación. Allí estaría yo, en la plataforma, tratando de parecer humilde mientras me envolvía el estruendoso aplauso de una segunda, no, una tercera ovación espontánea. El me daría la mano, ofreciéndome una invitación de por vida para dictar conferencias en Forest Home cada verano mientras que pedía más aplausos por mi presentación.

Mientras esperaba que todos regresaran del almuerzo, me paseaba de aquí para allá, pensando en lo que diría cuando me dieran el premio al "Orador del Año". En lugar de esto, yo debería haber sentido pánico al pensar en el terrible problema en el que me encontraba. Con la capacidad de comunicación de Gary y sus años de experiencia, él sin duda podría haber dado la presentación sin prepararse aquella tarde. Y la gente se hubiera ido sintiendo que había sido la mejor hora de la semana. Cometí el error de pensar que yo podría obtener el mismo resultado.

Me había preparado durante meses para entretener e instruir a un pequeño grupo en un salón de clase. Pero pronto me encontré mirando con horror cómo más de 500 personas se agolpaban en el auditorio principal. Casi todas las personas habían cancelado sus actividades para aquella tarde, ya fueran cabalgatas, golf, salidas familiares o descansos, simplemente para oír hablar acerca del examen que cambiaría sus vidas.

No sólo estaban presentes todos los excursionistas y el personal de Forest Home, sino que muchas personas habían invitado a amigos que vivían en ciudades cercanas. El estacionamiento estaba atestado de automóviles, y desde allí un río de personas fluía hacia el auditorio para escuchar esa sesión "increíblemente importante!" En lugar de dar un curso a un grupo pequeño, ¡estaba por hablar delante de uno de los grupos más grandes de aquel verano!

En la primera fila se encontraba el director del campamento, el personal, mi esposa y mi hija. Muchas personas en aquel atestado salón habían dejado de almorzar y estaban allí por más de una hora para reservar asientos para sus amigos y familiares.

La animada charla de la multitud cesó dando lugar a un expectante silencio mientras yo caminaba hacia la plataforma y contemplaba el mar de rostros. En el ambiente había una electricidad como la expectativa frente al anuncio de quién es el ganador de un concurso, pero esa electricidad pronto se convertiría en un cortocircuito. Era la oportunidad de mi vida para sellar mi destino como orador público y estar en el lugar donde los "grandes oradores" habían estado anteriormente. Pero de repente, me di cuenta de que estaba en graves problemas.

La tensa calma que se cernía sobre la multitud cuando yo comencé mi presentación, rápidamente se convirtió en un silencio sepulcral. Cuanto más intentaba explicar cómo era el examen, *si lo hubiéramos tenido para mostrárselo,* y qué era lo que había en los otros materiales, *si los hubiéramos podido fotocopiar,* podía darme cuenta de que la expresión facial de la multitud cambiaba de la duda . . . a la incredulidad . . . al shock . . . y finalmente a un intenso disgusto.

De los cuatro extremos del auditorio, la gente comenzó a levantarse y a salir. Inclusive algunos de los que estaban sentados en las primeras filas comenzaron a irse. Yo sabía que las personas que se quedaron les dirían a todos sus amigos y familiares en todo el país que habían cancelado las actividades de aquella tarde para sentarse en aquel auditorio para que alguien los confundiera y los aburriera. Y ese alguien era yo. Después de más de una hora, finalmente concluí mi explicación y les dije que podían retirarse, a menos que, por supuesto, tuvieran alguna pregunta.

Mi primer error fue estar de acuerdo en dar esa charla sin estar preparado. El segundo error fue que no debería haberme molestado en preguntar si tenían preguntas. La única pregunta que hicieron fue por qué el director de aquel lugar me había invitado a hablar. Mientras las personas salían rápidamente del salón, me miraban como los parisienses deben haber mirado a los nazis que habían mantenido cautiva su ciudad durante años.

Cuando finalicé, supe que había acabado con algo más que mi charla. Había acabado con Forest Home. Más aún, estaba acabado en cualquier lugar del mundo. Cuando las noticias de este fiasco se esparcieran, ¡no podría obtener una invitación para hablar en un club pequeño, ni aunque los amenazara con un revólver!

Mi esposa buscó la sonrisa más valiente para brindarme su apoyo. Pero ella era la única que sonreía. Si hubiera estado en el Lejano Oeste, sin lugar a dudas me hubieran arrancado de sus brazos y me hubieran ahorcado en el árbol más cercano.

Mientras me dirigía hacia mi habitación para hacer las valijas, hubiera preferido que la tierra se hubiera abierto y me hubiera tragado. Entonces, recordé repentinamente algo que multiplicó mi desdicha.

¡Aquel era solamente el primer día en el campamento!

No *podía* empacar e irme. La cena estaría servida en una hora y media, y yo tendría que ir allí y enfrentar a todo el mundo.

¡Y luego venía la conferencia del día siguiente!

Las palabras no pueden describir los sentimientos de humillación que me embargaron. Podía imaginarme las palabras hirientes y los comentarios sarcásticos que harían las personas (o que por lo menos pensarían) durante el resto de la semana.

La espera para que llegara el último día de conferencias me pareció eterna. En lugar de las cuarenta o sesenta personas que normalmente hubieran asistido a mis cursos el resto de la semana, tuve que hablar a un montón de hileras de bancos vacíos. Las pocas personas que vinieron fueron mi amorosa esposa, mi hija que era demasiado pequeña como para objetar, y unas pocas mujeres con el corazón compasivo de la Madre Teresa.

Finalmente, aquella semana terminó, y nuestro automóvil salió del estacionamiento para regresar a Phoenix, Arizona. En lo profundo de mi ser, sentí que esa conferencia le había hecho a mi carrera de orador lo mismo que la bomba atómica le había hecho a Hiroshima.

Han pasado varios años desde aquel día de descrédito en el sur de California. Sorprendentemente, obtuvimos varios resultados positivos. En primer lugar, Forest Home no debe haber mencionado este hecho, porque las invitaciones para dictar conferencias no me han dejado de llegar.[4] Además, Gary se sintió tan mal por lo sucedido que tuvimos varias conversaciones que fortalecieron nuestra relación personal y laboral. Esas conversaciones me hicieron dar cuenta de que aquella tarde de agonía fue también mi culpa. Yo debería haberme puesto firme explicando mis sentimientos. También reconocimos que ambos somos capaces de hacerle lo mismo al otro.

Además, aprendí una tremenda lección acerca del optimismo versus el realismo. Existen algunas montañas tan empinadas que es mejor que reconozcamos que no podemos escalarlas.

Finalmente, tanto Gary como yo hemos obtenido otro gran beneficio de aquella experiencia. Pasaron algunos años antes que volvieran a invitarme a Forest Home, pero casi todas las semanas hemos utilizado la frase: "¿Recuerdas cuando estuvimos en Forest Home?" Es nuestra manera de recordarnos el uno al otro que nunca debemos hacer algo si no nos hemos preparado para realizar una excelente tarea. Significa: "Aminora la marcha", "No sabemos todos los pormenores", "Tal vez estemos siendo demasiado optimistas o no nos percatamos de la realidad", o "Debemos pensar bien en esto antes de decir que sí."

Esta sola descripción vívida dice todas estas cosas y más. Al traer a la memoria un acontecimiento que vivimos juntos, los sentimientos también vuelven. Y la mezcla de las palabras y los sentimientos (la interacción del hemisferio derecho del cerebro y del izquierdo) trae un impacto instantáneo a nuestras conversaciones. Todos estos beneficios son nuestros porque recurrimos una y otra vez a la fuente del "recuerdas cuando . . . ."

En los capítulos anteriores, hemos visto cuán poderosas pueden ser las descripciones vívidas, de qué manera podemos crearlas y las cuatro fuentes de donde podemos sacarlas. Sin embargo, alguien tal vez diga: "Todas éstas son historias muy buenas. Pero yo todavía no tengo bien claro cómo utilizar personalmente una descripción vívida con mi esposa o con mis hijos."

Al dar vuelta a la siguiente página, entrarás a un puente

sostenido por cinco pilares principales. Estos cinco pilares son los que sostienen a un matrimonio exitoso y feliz. Ahora veremos específicamente de qué manera un esposo o una esposa puede aplicar personalmente las descripciones vívidas para reforzar la intimidad de su matrimonio y también disipar las diferencias grandes y pequeñas.

¿DE QUE MANERA AYUDAN LAS DESCRIPCIONES VIVIDAS A MI MATRIMONIO Y A MI VIDA FAMILIAR?

11

Los pilares de
un matrimonio feliz
Parte I

Hace algunos años, tomamos un avión para ir a dictar una conferencia en el sur de Missouri, EE.UU. Habíamos oído las noticias de que fuertes vientos y lluvias torrenciales habían azotado la parte norte de ese estado durante varios días. Sin embargo, nunca nos cruzó por la mente que en el viaje hacia nuestro destino (unos kilómetros más al sur) nos encontraríamos frente a frente con las peligrosas consecuencias de la tormenta.

Aterrizamos al anochecer con muy buen clima, y tomamos el pequeño autobús que nos llevaría hasta donde se encontraba el automóvil que habíamos alquilado. A no ser por algunas pocas nubecitas, parecía que habíamos elegido un anochecer primaveral ideal para trasladarnos en la última etapa de nuestro viaje. Una vez en camino, pensamos que el viaje nos llevaría dos horas.

Sin embargo, la tormenta que había azotado con furia al norte de donde nos encontrábamos, había dejado a su paso estragos y peligros. Los campos se habían convertido en pequeños lagos y estaban vertiendo sus excesivas aguas en arroyos ya demasiado crecidos. Todos los arroyos y ríos estaban desbordados después de días de intensa lluvia, y rugían dirigiéndose hacia un puente que pronto tendríamos que cruzar.

Los últimos rayos del sol se ocultaban dando lugar a la oscuridad cuando subimos una cuesta y desde allí divisamos un pequeño puente a menos de medio kilómetro. De repente, las luces de freno del auto que iba adelante de nosotros se encendieron en un rojo brillante. El vehículo hizo un viraje mientras el conductor intentaba desesperadamente frenarlo.

Rápidamente disminuimos la marcha y llegamos al lugar donde ese automóvil se había salido de la carretera. Fue entonces que vimos lo que casi nos hubiéramos llevado por delante. Frente a nosotros, las impetuosas aguas habían sido demasiado para uno de los soportes del puente. Durante años varios pilares habían sostenido el peso de ese puente. Pero en aquel momento, el soporte central había cedido, haciendo que todo el puente se inclinara en un ángulo muy peligroso.

Salimos del automóvil y contemplamos lo que una vez había sido un tranquilo río, dándonos cuenta de cuán cerca de un desastre habíamos estado. En el caso del hombre que estaba adelante de nosotros, unos pocos metros eran todo lo que lo separaban de las turbulentas aguas. Si no se hubiera detenido, el río se lo hubiera tragado a él y a su vehículo.

De manera dramática, aquella noche aprendimos una lección acerca de cómo construir puentes. Es decir, un puente es tan fuerte como los pilares que lo sostienen. Y lo que se aplica a un puente, también se aplica a un buen matrimonio.

Construyendo un puente de intimidad que no será arrastrado por la corriente

A lo largo de los años, hemos aconsejado a cientos de parejas. En todas nuestras entrevistas, nunca nos hemos encontrado con un esposo o una esposa que al casarse no quiso construir un fuerte puente de intimidad. Con el paso de los años, muchos esposos y esposas se encuentran solos, separados por un río de problemas, cada uno en la orilla opuesta. Dentro de ellos, el sueño de la intimidad agoniza, desmoronándose, retorciéndose y cayendo en un torrente de amargura.

¿Te gustaría evitar esta clase de angustia en tu matrimonio? ¿Te gustaría construir un sólido soporte de comunicación significativa capaz de resistir cualquier tormenta que venga? Hemos visto que los matrimonios que gozan de intimidad y de una relación satisfactoria poseen por lo menos cinco pilares de apoyo. Si los cimientos de estos pilares son profundos y están revestidos del cemento del compromiso incondicional, podrán hacer frente a cualquier prueba o desilusión. Pero si alguno de los cinco comienza a desmoronarse, todo el puente que sostiene los sueños del matrimonio puede inclinarse peligrosamente.

La seguridad: Un cálido manto de amor . . . y el mejor regalo de cumpleaños

El primer soporte estructural de una buena relación se encuentra en una palabra: seguridad. Un matrimonio construido sobre el pilar de la seguridad puede resistir mejor las inevitables tormentas de la vida. Por el contrario, la inseguridad puede causar un daño muy grande a un matrimonio, haciendo que toda su estructura se sacuda y se desmorone.

¿A qué nos referimos con la palabra *seguridad?* Para nosotros, la seguridad es la confianza de que alguien se ha comprometido a amarnos y a valorarnos por el resto de nuestra vida. Es la permanente conciencia de que sean cuales sean las dificultades que enfrentemos, trabajaremos juntos para resolver nuestros problemas. La seguridad significa que estamos completamente comprometidos con la verdad y que estaremos abiertos a la corrección.

En nuestro libro dedicado al matrimonio que se titula *El gozo del amor comprometido, Tomo 1*, explicamos que el amor, en sus raíces, es una decisión, no un sentimiento. En este sentido, una de las mejores maneras que tiene un cónyuge de transmitir amor es decidir edificar la seguridad en su matrimonio.

Para descubrir de qué manera las descripciones vívidas nos pueden ayudar a obtener esta meta, examinemos el especial regalo que una mujer llamada Carlota le dio a su esposo. Durante años, ella había visto cómo las dudas y los temores infundados golpeaban contra el pilar de la seguridad en su relación. Sin embargo, en cinco minutos, y en forma definitiva, mandó aquellos sentimientos de inseguridad río abajo.

Echando fuera la inseguridad

El esposo de Carlota, Andrés, había estado casado anteriormente. En la escuela secundaria, se había enamorado profundamente de la que sería su esposa, y no perdió ese sentimiento hasta la prematura muerte de su esposa a la edad de treinta y dos años. Los nueve años siguientes, Andrés se sintió como una ostra, hasta un día primaveral en que conoció a Carlota, una menuda rubia de ojos brillantes y modales enérgicos. Su constante sonrisa y su radiante personalidad le hicieron sentir diez años más joven. Para él, esta relación corrió el velo de las esperanzas olvidadas, desenterró sentimientos de amor escondidos y quitó de raíz su profunda soledad.

Después de un largo noviazgo, se casaron en la iglesia de Carlota. Andrés hizo todo lo posible para ser un aliento y un apoyo amoroso para su esposa. Era paciente cuando el entusiasmo de ella se extralimitaba, la elogiaba permanentemente por sus pequeños y grandes logros, y se preocupaba lo suficiente como para señalarle esferas en las cuales necesitaba crecer. Inclusive la ayudó a alcanzar el sueño de toda su vida: dejar de trabajar por un tiempo para estudiar y obtener su título universitario. El hizo que esto fuera posible trabajando horas extras. Y este esfuerzo de Andrés no solamente le dio a Carlota la oportunidad de estudiar sin preocupaciones económicas, sino que también hizo posible que en su diploma, que colgaba en el pasillo, aparecieran las palabras "con todos los honores".

En muchas maneras, Andrés era un esposo modelo. Sin embargo, por más que lo intentaba, nunca podía sentirse totalmente seguro en su relación. No es que luchara con una falta de compromiso, ya que había prometido amarla por el resto de sus días. Por su parte, Carlota nunca le había dado ni la más mínima razón para dudar de su fidelidad. Constantemente ella se esforzaba por encontrar maneras de expresarle su amor y compromiso.

Sin embargo, en lo profundo de su corazón, Andrés tenía un gran temor. Al haber perdido a su primera esposa, quien murió de cáncer, temía que a Carlota le sucediera lo mismo. Y como ella poseía una personalidad brillante y era diez años menor que él, Andrés estaba seguro de que ella lo dejaría algún día para irse con un hombre más joven, más buen mozo y con un título universitario.

Cada vez que pasaba por el pasillo de su casa, no podía dejar de pensar que el flamante diploma de Carlota hacía que su viejo certificado de la escuela técnica pareciera pequeño e insignificante. Y por más que lo intentaba, no podía dejar de sentir que algún día sus temores se tornarían en realidad. Solamente le quedarían viejas fotografías y una nueva cuota de dolor emocional para agregar a los nueve años de sufrimiento.

Como una astilla clavada profundamente, esta molesta inseguridad le provocaba una constante irritación emocional, hasta que llegó el día en que cumplía cincuenta años. Fue entonces cuando su esposa le dio el regalo de una descripción vívida emocional que hizo que sus dudas y temores desaparecieran al instante.

En las semanas precedentes a su cumpleaños, Andrés evitó cualquier mención con respecto a ese día funesto. Había llegado a los cuarenta años sin tener los traumáticos pensamientos comunes. Pero cincuenta años, ¿era posible que estuviera tan viejo?

Cuando el temido día finalmente llegó, en parte se alegró de que Carlota no le dijera nada respecto a su cumpleaños antes de salir para el trabajo. Pero por otra parte, su inseguridad parecía que trataba de profundizar sus sentimientos de temor y duda.

Una voz interior le susurraba: *Es claro por qué ella no te dijo nada acerca de tu cumpleaños esta mañana. Está tan avergonzada de tu edad como tú. ¿No te das cuenta? ¿Qué tienes para ofrecerle ahora que tienes cincuenta años?*

Esos pensamientos hicieron que Andrés se quedara hasta más tarde en el negocio aquel día. Y cuando finalmente se decidió a partir, esos mismos sentimientos demoraban sus pasos hasta su automóvil y prolongaban el largo camino hasta su casa.

Aunque manejaba lentamente, podía apostar a que Carlota no había regresado del trabajo, como de costumbre. Cuando entró el automóvil al garaje, todo se veía como siempre. El muchacho que repartía los periódicos había errado nuevamente en su intento de alcanzar el porche, y su buzón estaba lleno de cartas. Y tan seguro como que el sol se pondría esa noche, su viejo perro Campeón estaba en el porche esperándolo. El perro demostró la alegría de verlo moviendo la cola como si tratara de librarse de ella.

Andrés amaba a aquel perro. Campeón era el último nexo de unión con los años felices que había pasado con su primera esposa.

En los muchos días oscuros que siguieron a su muerte, cuando se sentaba cada noche en el porche trasero a llorar, su silencioso amigo de ojos pardos se acurrucaba junto a él. Andrés estaba seguro de que el perro podía sentir su dolor, y la cálida presencia de Campeón era un tremendo consuelo para el dolor de su corazón.

Al pasar a su lado, Andrés se detuvo para palmear la cabeza de Campeón y contemplar cómo su perro sonreía en éxtasis mientras él le restregaba la barbilla. Después de tomar la correspondencia y recoger el periódico, abrió la puerta y buscó el interruptor de la luz. Pero antes que su mano pudiera alcanzar la llave de la luz, otra luz se encendió y un grupo de familiares y amigos saltaron de sus escondites.

"¡Sorpresa!", gritaron. "¡Ya era hora de que llegaras!"

Aquella noche, hubo muchas bromas y mucha risa, pero también hubo un momento sentimental, ya que todas las personas que se encontraban allí habían escrito un tributo para Andrés, dando testimonio de cómo su amoroso espíritu había tocado sus vidas a través de los años. Pero Andrés nos contó más tarde que Carlota le dio el regalo mejor de todos; un regalo que no solamente le ayudó a disolver los miedos infundados y la inseguridad en su matrimonio, sino que los reemplazó con una confianza tan sólida como una roca.

Todo comenzó cuando Carlota hizo un gesto para que todos le prestaran atención. "Es mi turno de darle el regalo a Andrés", dijo. "Y consta de dos partes."

En primer lugar, le entregó una caja que contenía un reloj. Hubo aplausos y exclamaciones por todas partes mientras él sostenía en alto su reloj.

"Sabía que lo necesitabas, y cada vez que lo mires, quiero que pienses en mí", dijo, con un guiño en los ojos. "Pero tengo otro regalo para ti; una breve historia que desearía contar mientras nuestros amigos y familiares están aquí.

"A la mayoría de ustedes no les he hablado nunca de mi pasado, pero siempre he pensado que yo era como un inquieto perrito juguetón, uno de esos que siempre está saltando y metiéndose en todo", comenzó diciendo.

En toda la habitación se veían sonrisas de aprobación. Todos los presentes sabían que aun en los días de descanso, Carlota era un remolino de actividad.

"Pero crecí en un hogar en el cual ser un cachorrito juguetón era algo inaceptable. No les gustaba mi forma de ser y siempre me hacían sentir que debería haber sido diferente. Nunca me cepillaron ni me peinaron, y cada vez que yo saltaba demandando algo de atención o metiéndome en algo en lo que no me debería haber metido, me golpeaban y me ataban con una cadena.

"No voy a dar muchos detalles, pero cuando entré a la escuela secundaria, las cosas se pusieron realmente mal. Me dijeron que era de raza indefinida y que nunca llegaría a ser nada. Me pusieron en un automóvil y me llevaron a la protectora de animales de la localidad, y me dejaron en la puerta de aquel lugar.

"Salí corriendo antes que la gente de allí pudiera atraparme. Pero después de aquella experiencia, durante años vagué por las calles, creyendo realmente que nadie podía amarme tal cual era, una cachorrita juguetona.

"Pero un día, Andrés me vio caminando por allí, con todo el pelo enmarañado, y con toda ternura me recogió. No sé cómo, pero él creyó que debajo de aquel pelaje sucio y enmarañado, había una perrita de raza. Luego me llevó a su casa, me lavó y me cepilló, e inclusive me puso una hermosa moña.

"Toda mi vida me habían hecho sentir que no era de raza; pero cuando vi cómo Andrés creía en mí y se preocupaba por mí, comencé a pensar que después de todo, a lo mejor era de pura raza."

Carlota hizo una pausa por un momento para echar sus cabellos hacia atrás. Un rápido vistazo a la habitación le indicó que todos le estaban prestando atención, especialmente Andrés.

"En los últimos seis años, me he sentido amada y protegida. Inclusive he descubierto que tengo un amigo para toda la vida. Hay días en que la cachorrita dentro de mí sale a relucir de nuevo, y salgo corriendo y accidentalmente rompo algo. Pero aun en esos momentos, recibo amor en lugar de golpes", dijo mirando a Andrés con los ojos humedecidos.

"Después de años de sentirme como una perrita de raza mixta, finalmente tengo un hogar donde hay alguien que piensa que soy una campeona de pura raza. Por fin tengo un lugar en el cual no debo preocuparme por cambiar o por ser alguien o algo diferente de lo que soy.

"Andrés, sé que tú eres el que recibe los regalos hoy, pero

siento que yo he recibido el mejor regalo de todos. Es porque comparto mi vida con una persona que me dice de mil maneras diferentes: 'Nunca, nunca más te sacaré a la calle, o te echaré de aquí.' Querido, te amo con todo mi corazón."

Carlota había pasado menos de una hora pensando y practicando su descripción vívida extraída de la fuente de la naturaleza. Ella sabía que Andrés amaba a los animales, especialmente a Campeón. Originalmente ella había pensado que su historia sería simplemente otra manera de añadir un toque especial a la fiesta de sorpresa. Pero significó mucho más que eso para Andrés. Lo conmovió tan profundamente que seis años de inseguridad y de temores infundados se esfumaron.

En cuanto a construir un puente de intimidad en tu matrimonio, ¿es sólido tu pilar de seguridad? Si le preguntaras a tu esposo o esposa, sin presiones ni amenazas verbales, cuán seguro o segura se siente en la relación, ¿cuál sería la respuesta?

¿Por qué no le pides a tu cónyuge que elija, en una escala del uno al diez, cuán seguro lo hacen sentir tus acciones y actitudes? Si el "uno" es igual a una total inseguridad y el "diez" es completa seguridad, ¿cuál sería tu puntuación? ¿Le has preguntado a tu cónyuge alguna vez qué podrías hacer durante las próximas seis semanas para que sienta completa seguridad, o qué podrías hacer para mantenerla si ya has alcanzado esa meta?

El puente que une al esposo y a la esposa no puede mantenerse en pie frente a las rugientes aguas si el pilar de la seguridad está hecho de arena. Al utilizar descripciones vívidas para fortalecer la autoestima de tu cónyuge, no solamente lo ayudarás a descubrir nuevos niveles de confianza, sino que también apuntalarás tu matrimonio con pilares de granito.

Por supuesto, nos damos cuenta de que se requiere mucho más que el lenguaje del amor para construir la seguridad en un matrimonio. Las descripciones vívidas siempre deben estar unidas a las acciones diarias que promueven la confianza. Otros libros que hemos escrito, incluyendo *El gozo del amor comprometido, Tomo 2, La bendición, El don de la honra,* y *La llave al corazón de tu hijo,* ofrecen instrucciones detalladas para desarrollar características específicas que proveen una seguridad duradera en una relación.[1] Si estas características fundamentales no se encuentran en tu matrimonio, estos libros te servirán como manuales prácticos para tu esfuerzo de reconstruir la relación.

Sin embargo, aunque las acciones hablan más fuerte que las palabras, estas últimas son vitales para un buen matrimonio. Dicho sencillamente, tu cónyuge necesita *escuchar* que lo aprecias y necesita que le *digas* que lo amas. De todas las maneras de expresar elogios y apoyo, las descripciones vívidas son las mejores, porque plantan, de manera permanente, palabras de seguridad en el corazón de una persona. Y recuerda, pueden construir la seguridad en más de una manera.

En el caso de Andrés, su esposa utilizó el lenguaje del amor para elogiarlo, y esta expresión de aliento fue mucho más allá de sus sueños. En varios ejemplos previos, también hemos visto que la corrección se logra de manera más efectiva a través de las descripciones vívidas emocionales.

¿Se acuerdan de Jorge y de Susana, cada uno de los cuales le contó al otro una historia que le hizo llorar?[2] Mientras que las lágrimas derramadas a causa de palabras insensibles o irónicas pueden deteriorar la seguridad en un matrimonio, hay otro tipo de lágrimas que pueden actuar como pegamento para unir el amor y el compromiso.

Algunos de nosotros debemos detenernos en este mismo instante para examinar detenidamente nuestras acciones cotidianas. Debemos mirar objetivamente para determinar qué es lo que estamos haciendo para construir o destruir la seguridad en nuestro matrimonio. Este examen puede proporcionarnos más conocimiento y habilidad para construir la seguridad, o puede movernos a buscar ayuda en un pastor u otro consejero para enriquecer nuestro matrimonio.

Una vez que hemos trabajado para establecer este pilar, debemos examinar el segundo soporte principal que se necesita para sostener a un matrimonio saludable. Tiene que ver con algo para lo cual las descripciones vívidas vienen a la medida: la comunicación significativa.

La comunicación significativa: Hablando de corazón a corazón

La palabra "comunicación" se deriva del vocablo del latín *communis*, de donde sale también la palabra "común".[3] Expresado de otra manera, si un esposo y una esposa van a poder comunicarse efectivamente alguna vez, deben encontrar un terreno común en el que se unan sus diferencias.

En el capítulo cuatro descubrimos suficientes diferencias naturales entre los sexos como para asfixiar a un caballo, o a un matrimonio. También descubrimos que una de las maneras más efectivas para salvar estas diferencias es el uso de las descripciones vívidas emocionales. Por ésta, y por todas las demás razones que hemos dado anteriormente, deberíamos utilizar las descripciones vívidas en la comunicación para:

- aumentar la claridad e intensidad de nuestras conversaciones
- captar la atención de una persona
- capturar las emociones de alguien
- hacer que la otra persona recuerde nuestras palabras
- reemplazar la conversación en blanco y negro por la conversación en colores, y mucho más.

Las descripciones vívidas son esenciales para crear intimidad y resolver conflictos. Unicamente dominando este lenguaje del amor podrás alcanzar la conversación clara y poderosa.

Si deseamos que el puente de la intimidad perdure, la seguridad y la comunicación significativa son necesidades ineludibles. En el siguiente capítulo examinaremos los tres pilares restantes que sostienen una relación significativa. Asentados profundamente en el terreno de nuestro matrimonio, sostendrán años de peso sin que suceda ninguna catástrofe.

12

Los pilares de un matrimonio feliz Parte II

Para ayudar a salvar las diferencias y los desacuerdos inevitables durante el ciclo de la vida matrimonial se necesitan tres pilares adicionales. En la mayoría de los matrimonios exitosos que hemos visto, cada pareja ha decidido mantener ardiendo una importante llama. Y esta llama se puede encender y avivar mediante el uso de las descripciones vívidas emocionales.

Los momentos emocionales y románticos crean lazos de unión

Tal vez parezca que mantener ardiendo la llama del romance en una relación no sea un pilar tan importante como la seguridad o la comunicación significativa, pero sí lo es. Este tercer pilar puede ayudar a estabilizar un hogar, particularmente en tiempos difíciles.

No estamos diciendo que una pareja deba pasar todas las veladas del fin de semana cenando a la luz de las velas. (¡En muchos hogares los niños apagarían las velas, las quitarían o se las comerían mucho antes que finalizara la cena!) Pero sí estamos diciendo que las parejas sabias nunca pierden de vista la importancia que el romance tiene en el bienestar de su matrimonio. Veamos el ejemplo de Ricardo.

Cuando tuvo la edad suficiente como para salir con muchachas, su madre le explicó la importancia del romance. Después de haber visto por años la manera tan amable en que su padre trataba a su madre (y de haber visto los resultados que eso había tenido en la íntima relación de la cual gozaban), Ricardo tomó en cuenta el consejo de su madre.

En la escuela secundaria, caminaba la milla extra para abrirles la puerta del automóvil a las muchachas y para comprarles flores. Tuvo muy en cuenta los cumpleaños y el envío de tarjetas en ocasiones especiales. Después de su graduación de la enseñanza secundaria, cuando se encontró prisionero de los ojos azules de una compañera de la clase de literatura en la universidad, Ricardo supo que sus prácticas estaban por darle excelente resultados.

Durante los cuatro años de noviazgo que siguieron, su constante torrente de notas, tarjetas, flores y momentos especiales con Noemí fueron la romántica introducción a una vida entera de amor. En el último año de la universidad, cuando llegó el momento de proponerle matrimonio, lo hizo de una manera inesperada.

Había acompañado a Noemí a visitar a sus padres para la Navidad. Ricardo se daba cuenta de que la joven esperaba que él le propusiera matrimonio en cualquier momento, pero él tenía otros planes.

El había escogido el anillo el día antes de regresar a la universidad, y estaba entusiasmadísimo mientras entregaban los boletos y embarcaban las valijas en la ventanilla de la aerolínea. Pero al llegar al pasillo donde detectan metales electrónicamente, Ricardo sintió que el temor lo paralizaba. Estaba seguro de que el anillo que tenía en el bolsillo haría sonar el detector de metal. La alarma le obligaría a vaciar sus bolsillos, y todo su plan se desmoronaría.

Afortunadamente, el detector de metal guardó su secreto, y entonces se dirigieron a la puerta de embarque. Pero aun después de subir al avión, se sentía tan nervioso como si estuviera a punto de ser padre. Casi inmediatamente después de sentarse, se excusó diciendo que iría al baño. Pero en realidad, se dirigió hacia donde se encontraban las azafatas. Tembloroso, Ricardo se aproximó a la azafata más cercana y torpemente le puso en las manos la cajita negra. Pero estaba tan nervioso, que la joven se asustó y se la devolvió rápidamente. Finalmente, después de asegurarle que no era un explosivo, le dijo que deseaba que pusiera el anillo de compromiso en lugar de la comida, cuando sirviera a Noemí.

Todas las azafatas ayudaron de manera especial a guardar el secreto. En ningún momento le prestaron una atención especial a Noemí para no darle motivos de sospecha. Cumplieron sus tareas, acomodando a todos los pasajeros, y una vez que el avión hubo despegado comenzaron a servir la comida.

Noemí ocupaba el asiento del medio entre una anciana que se encontraba sentada junto a la ventanilla y Ricardo al lado del pasillo. La azafata le sirvió la cena primero a la anciana, luego a Ricardo, y después hubo una gran pausa. Cuando Noemí finalmente se dio cuenta de que algo andaba mal y levantó la vista, vio que todas las azafatas estaban en el pasillo. Con una sonrisa, colocaron una canasta que habían hecho de papel de aluminio delante de ella. Dentro de esa canasta estaba la pequeña cajita negra. Cuando Noemí la abrió, lanzó un grito de sorpresa.

"¡Sí, me casaré contigo!", dijo Noemí, radiante mientras abrazaba a Ricardo. La anciana, junto con toda la tripulación aplaudieron. Y entonces repentinamente se oyó la voz del capitán por el intercomunicador felicitando a Ricardo y a Noemí, ¡e invitando a todos los pasajeros a la boda! Todo el avión estalló espontáneamente en risas y aplausos, y Noemí lloró y rió al mismo tiempo.

En los años siguientes, cada vez que contaban la historia de cómo se habían comprometido en el aire, Ricardo se reía entre dientes y decía que desde entonces la relación entre ambos había "descendido". Sin embargo, al pasar los años, su matrimonio se fortaleció más y más. En realidad, lo único que lo igualaba era el éxito que Ricardo gozaba en el negocio del petróleo. En aquellos años en que su negocio prosperaba, Ricardo continuó realizando grandes esfuerzos para mantener la chispa del romance encendida.

Buscaba niñeras y salía solo con su esposa en fechas especiales. O le traía un osito de peluche con una nota que decía "te amo", lo envolvía en papel de aluminio y lo colocaba en el congelador junto con los envoltorios de comida congelada. Algunas veces pasaban meses, pero tarde o temprano, Noemí buscaba alguna comida para descongelar, y en lugar de encontrar un pollo o un trozo de carne, encontraba un osito de peluche congelado con la nota de amor de su esposo.

Para muchos de sus vecinos, ellos eran una pareja modelo. Fue entonces cuando, a pesar de vivir en una parte del país donde los precios del petróleo nunca bajaban, el mercado quebró virtualmente de un día para el otro. En el curso de casi veinticinco años, Ricardo había acumulado una fortuna. Pero en menos de veinticuatro horas, vio cómo el fruto de su trabajo se desvanecía e iba a parar a manos de los acreedores y los que tenían sus hipotecas.

La situación se tornó tan desesperante, que Ricardo tuvo que hacer algo que jamás había soñado hacer. Para realizar el pago mensual de la hipoteca de su casa tuvo que vender el anillo de diamantes de compromiso de Noemí.

Finalmente, Ricardo tuvo que dejar por completo el negocio del petróleo. Perdieron todo lo que tenían. Por primera vez desde que habían contraído matrimonio, él ya no era el bromista de siempre. Con tanta presión y dolor por la pérdida de su negocio, sus actos románticos menguaron hasta casi desaparecer.

Pero cuando las cosas parecían ponerse peor, Ricardo encontró un buen trabajo en otra industria. Lentamente, el futuro de esta familia comenzó a mejorar según esta nueva compañía reconocía y apreciaba la experiencia de Ricardo en los negocios. Pero recién después de dos años, Ricardo y Noemí pudieron salir a cenar para celebrar un nuevo ascenso en el trabajo. Fue entonces cuando Noemí pudo ver al viejo Ricardo nuevamente. Lo que él hizo aquella noche fue tan romántico y significativo que en pocos minutos Noemí se encontró volando a 12.000 metros de altura donde había comenzado su compromiso de por vida.

—Noemí —comenzó Ricardo mientras miraban por la ventana del restaurante las luces parpadeantes de la ciudad—, ¿no te parece que las luces parecen diamantes esta noche?

Ella asintió con la cabeza y sonrió. —Es bueno estar aquí de vuelta.

Cuando Ricardo se encontraba en el negocio petrolero, ellos habían frecuentado ese mismo elegante restaurante. Hasta habían celebrado una fiesta de aniversario en honor de sus padres varios años atrás, invitando a unas ochenta personas a disfrutar de una suntuosa comida. Pero aquello había sucedido años atrás, y ésta era la primera vez que volvían a ese lugar desde la pérdida de su primer negocio.

Noemí bebió con los ojos la vista que este lugar elevado les proporcionaba de la ciudad. Verdaderamente, las luces danzaban como los destellos de un diamante.

Justo en ese momento llegó el camarero con la comida. El y sus ayudantes se habían comportado tan atentamente como en años pasados. A Noemí le gustaba ver lo bien que servían; siempre estaban cerca para llenar un vaso o para retirar un plato, pero nunca estaban demasiado cerca como para oír una conversación.

Ella había ordenado su plato favorito, y se lo colocaron delante tal como lo recordaba, cubierto por una tapa de plata que el camarero retiraría con un gracioso movimiento. Sólo que esta vez, cuando el camarero levantó la tapa de plata para descubrir su comida, todo lo que había en su plato era una pequeña cajita negra.

A su mente le llevó un momento comprender qué era lo que estaba sucediendo. Después de todo, habían pasado veinticinco años desde su compromiso. Casi temerosa de tocar la cajita, la tomó lentamente en sus manos y la abrió con cuidado. El anillo de compromiso que había recibido años atrás era un hermoso solitario. Ahora se encontraba frente a un magnífico diamante rodeado de diminutos diamantes.

Ricardo tomó la mano de su esposa. —Noemí —le dijo, con la voz cargada de emoción—, tú eres como este diamante, hermosa, exquisita, preciosa. En ti existen muchas facetas que yo amo, tu calidez, tu fidelidad, tu amabilidad. En cada una de las situaciones que hemos tenido que vivir juntos, una de esas facetas capta un rayo de luz y lo refleja hacia mí en hermosos arco iris. Tú eres el tesoro más preciado que Dios me ha dado.

—El día más feliz de mi vida fue cuando te di aquel primer diamante. El día más triste fue cuando tuve que pedírtelo para venderlo. Cada vez que mires este diamante, quiero que recuerdes que representa lo que yo siento por ti. Feliz aniversario, mi amor, un poco anticipado.

Casi faltaban ocho meses para el aniversario, por lo tanto ese regalo fue definitivamente una sorpresa. Una vez más, todos los desconocidos que se encontraban en la sala supieron que acababan de "comprometerse", así que estallaron en un espontáneo aplauso. Pero justo en el momento en que Noemí había alcanzado la cumbre de sus emociones, volvió abruptamente a tierra traída por la realidad del precio de esa joya.

—Ricardo —dijo temblorosa, como despertando de un sueño—. Estoy muy impresionada, pero, ¿de dónde sacaste el dinero?

—Sabía que lo preguntarías —contestó Ricardo guiñando un ojo—. Vendí a uno de nuestros hijos.

—En serio, quiero saber —le dijo Noemí con una voz que denotaba algo de temor. A pesar de que ya no tenían que enfrentar a los acreedores, ella sabía que no podían meterse en deudas para comprar un anillo, especialmente uno tan hermoso.

—Bueno, le pedí el dinero a mi padre.

—¿Que le pediste el dinero a tu padre?

En los momentos financieros más difíciles, Ricardo nunca había recurrido a su padre para pedirle ayuda. Su padre había sido un exitoso hombre de negocios y les hubiera dado todo lo que tenía, pero Ricardo prefirió salir solo de esos problemas así que se había rehusado a recibir ayuda de su padre.

—¿Te acuerdas de la colección de escopetas de Papá, la cual yo heredaría a su muerte? Bueno, hace algunas semanas atrás tuvimos una larga conversación, y puesto que ninguno de los dos sale a cazar, la vendí y obtuve el dinero para el anillo. Un buen cambio, ¿no te parece?

El padre de Ricardo había sido un ávido cazador y poseía una colección de escopetas muy valiosa. Era un tesoro personal que planeaba dejar como herencia a su hijo. En su mente, Noemí pudo ver a estos dos hombres grandes actuando como niños, haciendo los planes para que ella tuviera este anillo. Ricardo había vuelto naturalmente a su estilo bromista y romántico, heredado directamente de su padre.

Para ella era demasiado saber que ambos habían renunciado a algo preciado para comprar su anillo. Permaneció contemplando el anillo sabiendo que representaba un amor que valía mucho más de lo que cualquier joyería podía ofrecer por esa joya.

Las palabras de Ricardo penetraron profundamente en el corazón de Noemí, porque utilizó tanto un objeto como un cuadro verbal para comunicar su amor por ella. Sus palabras, junto con el símbolo visible de su amor, crearon una imagen perdurable en la mente de Noemí. Cada vez que miraba el arco iris que brillaba en su anillo, escuchaba las palabras de Ricardo que brindaban calor a esta creciente confianza y fortaleza en su matrimonio. El anillo y las palabras de Ricardo siempre le recordarían cuánto la valoraba, y la manera especial en que él creaba momentos románticos en su matrimonio.

Por supuesto, la mayoría de nosotros no poseemos una colección de armas para cambiarla por un diamante que brille en una romántica noche. Pero existe un tesoro inapreciable que podemos darle a nuestro cónyuge con el costo solamente del aire que respiramos. Está a nuestro alcance simplemente sacando una descripción vívida emocional de alguna de las cuatro fuentes. Porque cuando se trata de generar el romance en una relación, los hombres y las mujeres han visto por siglos que sus palabras se transforman en oro.

Por ejemplo, consideremos al rey Salomón y a su esposa. Escucha las descripciones vívidas que él utilizaba para capturar su corazón:

Tus ojos entre tus guedejas como de paloma . . . .
Tus labios como hilo de grana . . . .
Tus mejillas, como cachos de granada.[1]

Ella le ofrece una descripción vívida con su propio lenguaje de amor, diciendo de su amado:

Como el manzano entre los árboles silvestres,
así es mi amado entre los jóvenes;
bajo la sombra del deseado me senté,
y su fruto fue dulce a mi paladar.[2]

O escuchemos a Romeo y Julieta, creaciones de William Shakespeare. Sus palabras de amor, atrapadas nuevamente en descripciones vívidas, han sido inmortalizadas por generaciones. Romeo dice:

¿Pero qué luz es la que asoma por allí?
¿El Sol que sale ya por los balcones de Oriente?[3]

Ahora pone la mano en la mejilla.
¿Quién pudiera tocarla como el guante que la cubre?[4]

O consideremos la descripción vívida agridulce de Julieta describiendo su amor por Romeo, un amor que ella sentía que iría más allá de la muerte:

Ven, temblorosa noche, amiga de los amantes, y vuélveme a mi Romeo. Y cuando muera, convierte tú cada trozo de su cuerpo en una estrella relumbrante, que sirva de adorno a tu manto, para que todos se enamoren de la noche, desenamorándose del Sol.[5]

En una de las relaciones más románticas de la era moderna, Elizabeth Barrett Browning y su esposo, Robert Browning, se envían mutuamente descripción vívida tras descripción vívida. Un ejemplo perfecto de las descripciones vívidas de ella comienza con las palabras que tantas veces se citan: "¿Cómo te amo? Déjame contar todas las formas en que te amo?"[6]

En lugar de contar todas las formas, sabemos lo que algunos de ustedes (particularmente los hombres en quienes predomina el hemisferio cerebral izquierdo) pueden estar pensando: *¡Un momento! ¡Eso es poesía! ¿Me están diciendo que debo pensar en una descripción vívida poética para aumentar el romance en mi matrimonio? ¡Eso es ir demasiado lejos!*

Si eso fuera lo que queremos decir, ni siquiera un hombre entre cien tomaría este libro o pensaría en una descripción vívida. Recuerda, la poesía y las artes son mayormente habilidades del hemisferio derecho del cerebro. Por lo tanto no le estamos pidiendo al hombre típico (en quien predomina el hemisferio cerebral izquierdo) que se transforme en un Shakespeare para implementar el romance en su matrimonio.

Sin embargo, mantenemos nuestra posición en este asunto. Los enamorados más grandes de todos los tiempos han sido aquellos que han utilizado descripciones vívidas para ganar al objeto de su amor.[7] Por lo tanto, ya sea que utilices una descripción vívida como la de Ricardo (con un lenguaje sencillo y de todos los días) o un poema como el de Shakespeare, en ambos casos estarás creando lazos de amor eternos.

Recuerda, si Salomón fue lo suficientemente sabio como para darse cuenta de que una mujer recibía amor y seguridad a través de palabras románticas, también lo debemos ser nosotros. La seguridad, la conversación significativa y los lazos románticos son tres elementos que le proveen un gran apoyo a una relación íntima, y los tres se logran usando el lenguaje del amor.

Además de estos tres pilares que hemos visto, existen otros

dos. Ambos pueden ayudar a sostener el puente de la intimidad que puede conducir a una pareja con toda seguridad a través de las peligrosas aguas del distanciamiento emocional y de la falta de armonía.

El contacto físico significativo: El lenguaje silencioso del amor

Después de estudios y más estudios se ha llegado a la misma conclusión. Una parte esencial de un matrimonio que posee intimidad se encuentra en el contacto físico significativo. Entre otros, los investigadores de la Universidad de California, Los Angeles, han llegado a la conclusión de que el contacto físico significativo es esencial para la formación y preservación de una relación íntima.[8] F. B. Dresslar ha demostrado que la mujer, en particular, necesita entre ocho y diez contactos físicos significativos cada día para mantener la salud física y emocional.[9]

Como la mayoría de los esposos actúan de acuerdo con el hemisferio izquierdo de su cerebro, y el contacto físico (al igual que el romance o la comunicación significativa) son actividades del hemisferio derecho del cerebro, se puede decir que las necesidades de muchas mujeres no son satisfechas. El resultado es que fuera del dormitorio, una mujer debe recurrir a sus hijos, a sus parientes o amigas íntimas para suplir la falta de contacto físico significativo de parte de su esposo.

Muchos esposos no comprenden que al privar a su esposa de contacto físico significativo fuera del contacto sexual, están abriendo la puerta para que otro hombre supla esa necesidad.[10] Esa puerta nunca debería dejarse abierta. Los hombres no se dan cuenta de que ochenta por ciento del deseo que una mujer tiene de contacto físico no es sexual.[11]

Por ejemplo, tomarse de la mano mientras se está esperando en una fila, darle un masaje en la espalda sin que se lo pidan, acariciar suavemente su cabello (¡en la dirección correcta!), y abrazarla tiernamente, son todas maneras de aumentar la intimidad en una relación.

El contacto físico suave y consecuente es una de las maneras más poderosas de aumentar los sentimientos de seguridad, de dar el paso inicial a la comunicación significativa y de preparar el terreno para los lazos emocionales y los momentos románticos. ¿Pero qué tiene que ver el contacto físico significativo con las descripciones vívidas? Tiene mucho que ver. Un cariñoso abrazo, por ejemplo, puede ser una de las maneras más poderosas de demostrar amor por medio de una *descripción vívida silenciosa*.

Los estudios sobre la comunicación demuestran que los mensajes silenciosos son más poderosos que los hablados.[12] Debido al increíble peso emocional que posee el contacto físico significativo, la imagen muda que deja un abrazo en la mente de una persona puede solidificar una relación, tal como lo hizo con un hombre que nos llamó un día, cuando nos encontrábamos en un programa de radio, para contarnos esta notable historia.

Nos encontrábamos en uno de nuestros programas favoritos de radio en el sur de California. Con su sensible estilo, el anfitrión nos pidió que explicáramos algún principio para aplicar a las relaciones, y luego alentó a los oyentes a telefonear presentando sus problemas, preguntas o comentarios.

Acabábamos de explicar la importancia del contacto físico significativo cuando un hombre al que llamaremos Jorge llamó por teléfono.

"Cuando tenía cincuenta y un años, sufrí un ataque al corazón", dijo. "Me llevaron rápidamente al hospital, y como el ataque era muy grave, mi esposa llamó a mi padre para que estuviera a mi lado.

"No recuerdo que mi padre jamás me haya dicho que me amaba, ni tampoco me dijo que estaba orgulloso de mí. El siempre había estado presente brindándome apoyo en su manera silenciosa, pero yo me fui de mi hogar preguntándome si realmente me amaba o se preocupaba por mí.

"Pero mientras me encontraba en la cama del hospital, escuchando a los médicos decirme que tal vez no me recuperaría, mi padre, que tenía setenta años de edad en ese entonces, volaba a través del país para estar a mi lado. Llegó el día después del ataque, y cuando entró en mi habitación hizo algo que jamás olvidaré. Arrimó una silla a mi cama, se sentó y luego tomó mi mano entre las suyas. No podía recordar ningún otro momento en el que me hubiera abrazado o dado un beso, pero mientras me encontraba en aquella sala de cuidados intensivos, con sondas entrando y saliendo de mi cuerpo, él permaneció varias horas a mi lado, la mayor parte del tiempo acariciando mi mano."

A estas alturas, pensamos que estábamos oyendo simplemente otro ejemplo más del cuadro simbólico y poderoso que podía dejar el contacto físico significativo. No esperábamos lo que él estaba por decirnos.

"Todavía siento algo de dolor por el hecho de que mi padre nunca me dijera que me amaba, pero al acercarse y tomarme de la mano, él expresó lo que nunca pudo decir con palabras. Y esto era justo lo que yo necesitaba saber, porque dos días después, él murió de un ataque de apoplejía."

Ajustamos nuestros audífonos para asegurarnos de que habíamos escuchado correctamente.

"Se suponía que yo era quien debía morir, pero me recuperé y mi padre fue quien murió", dijo Jorge. "Pero cuando vino a la sala del hospital en la que yo me encontraba, me dejó algo por lo cual siempre le estaré agradecido. Cuando me tomó de la mano, fue como si gritara las palabras que nunca pudo pronunciar, palabras de amor que pude ver en sus ojos y sentir a través del contacto de sus manos."

De acuerdo con la definición, una descripción vívida requiere el uso de *palabras*.[13] Pero para este hombre, el toque de su padre habló mucho más que las palabras y dejó tras de sí una imagen indeleble de amor y aceptación. Y aquella descripción vívida sanó años de inseguridad y de duda.

En tu matrimonio, tú también puedes dejar imágenes perdurables de amor para tu esposo o esposa. El suave toque de tu mano, por pequeño que sea, puede impartir una imagen indeleble de compromiso y de aceptación incondicional que apoye a una relación íntima para toda la vida.

La seguridad, la comunicación significativa, las experiencias románticas o emocionales y el contacto físico significativo, son todos pilares sobre los cuales se construye un matrimonio feliz. Y estos cuatro pilares, cuando se los refuerza con el uso de las descripciones vívidas, pueden ayudar a salvar las diferencias y los desacuerdos que pueden destruir un matrimonio.

Hay un pilar final del cual dependen todos los otros: el pilar de la intimidad espiritual. Sin él, a una pareja le falta el poder de Dios que transforma corazones y vidas. Escucha la hermosa descripción vívida, creada como un canto, que encontramos en la

Biblia, la fuente más inspiradora de descripciones vívidas:

> Bienaventurado todo aquel que teme a Jehová,
> que anda en sus caminos . . . .
> Tu mujer será como vid que lleva fruto
> a los lados de tu casa;
> tus hijos como plantas de olivo
> alrededor de tu mesa.[14]

¡Qué increíble descripción de la recompensa que les espera a los esposos y a las esposas que confían en Dios! Estamos tan convencidos de la importancia de este apoyo matrimonial que hemos escrito un libro sobre este tema. *Joy That Lasts*,[15] describe cómo encontrar plenitud, más de lo que nuestra copa puede contener. Una vida así puede librarnos de nuestro egoísmo, construyendo un puente de intimidad que dure para siempre.

Aquellos que disfrutan de un matrimonio íntimo, seguro y romántico han aprendido a construir puentes. Y tal como lo hemos mencionado, las descripciones vívidas son una herramienta clave en este proceso. También son muy importantes en la relación con nuestros hijos. En base a la experiencia que hemos tenido con nuestros propios hijos, y con muchas familias en todo el mundo, hemos aprendido que las descripciones vívidas no son una opción, son una necesidad. Para mostrarte lo que queremos decir, tornemos nuestra atención a la manera en que las descripciones vívidas pueden ayudar a las madres y a los padres. Sin lugar a dudas, los padres que dominan el lenguaje del amor poseen una llave que puede abrir el corazón de sus hijos.

Hemos observado con asombro las muchas veces en que nuestros hijos han respondido a las descripciones vívidas emocionales de elogio, de disciplina y de amor. Es por eso que en el siguiente capítulo explicaremos cómo utilizarlas para equilibrar dos destrezas importantísimas en la crianza de los hijos.

13

Ganando terreno como padres

En los quince años pasados, hemos visto que existen dos aspectos de la crianza de los hijos que constantemente generan frustración y desarmonía en un hogar. Constituyen el tema de la mayoría de las cartas que recibimos pidiendo consejo, y nos mantiene ocupados sin cesar durante los recesos en las conferencias.

¿Cuáles son estas dos preocupaciones que tienen los padres? La primera es una palabra de diez letras que en muchos hogares se ha convertido en una mala palabra: disciplina. Cuando hay problemas disciplinarios entre los padres porque uno es permisivo y el otro es restrictivo, el ambiente del hogar puede ser perjudicial para los niños.

¿No existe una manera mejor de criar a nuestros hijos que levantando la voz? ¿No existe otra alternativa en lugar de darles el sermón número 202 que los niños ya saben de memoria? ¡Inclusive te corrigen si saltas alguna parte!

De todo corazón recomendamos varios libros excelentes sobre la disciplina.[1] Sin embargo, cuando se trata de esta esfera crucial de la crianza de los hijos, existe una herramienta que muchas veces se pasa por alto. Esta herramienta, la descripción vívida, capta las emociones del niño y envía a su corazón un mensaje de convicción que perdura.

¿Suena esto demasiado fácil? La próxima vez que te sientas tentado a aplicar una corrección física a tu hijo o hija, prueba primeramente una descripción vívida. Puede tener un impacto emocional tremendo.

Esto es exactamente lo que yo (Gary) descubrí años atrás con mi hijo mayor, Greg. A pesar de que en aquel momento no me di cuenta, la historia que le compartí detuvo en forma instantánea un comportamiento indeseado, y actualmente nos ayuda a fomentar una relación positiva.

Volviendo al equipo

Cuando Greg llegó a la edad de doce años, surgió un problema que yo no pude pasar por alto. Tenía que ver con su reacción cada vez que yo salía de viaje para dar una conferencia.

El día de mi partida, toda la familia me ayudaba a empacar. Después, en la puerta, todos me despedían con expresiones tales como: "¡Vuelve pronto!" O: "¡Te extrañaremos!"

Sin embargo, cuando Greg entró al sexto grado, noté que él ya no formaba parte vital en los preparativos de mis viajes. En lugar de quedarse en la puerta con el resto de la familia, se alejaba. Pronto, su comportamiento no se limitó a evadirme antes de los viajes. Durante varias horas después de mi regreso, se mantenía alejado de mí.

A medida en que el tiempo fue pasando, tuvo mayores expresiones de desaire. Cuando yo trataba de retenerlo para conversar algunos momentos, sus palabras eran frías. "Más tarde, Papá", me cortaba, "voy a ir a ver a un amigo ahora."

Como consejero, me di cuenta de que sus acciones reflejaban en gran parte sus sentimientos con respecto a mis viajes. Pero también me daba cuenta de que mis viajes mensuales eran necesarios para el presupuesto familiar. Además, permitirle que me desairara y que acumulara su enojo cada vez que yo me iba, no nos estaba haciendo bien a ninguno de los dos.

Yo no deseaba que él desarrollara el modelo de comportamiento de pasar por alto a las personas cuando se sentía enojado con ellas. Ni tampoco deseaba que perfeccionara un hábito negativo que fácilmente usaría con sus amistades, y cuando se casara, con su esposa. Sobre todo, yo extrañaba su amistad y no deseaba que ese problema se convirtiera en una brecha permanente en nuestra relación.

Por lo tanto, decidí practicar lo que enseño. Cuando regresé del siguiente viaje, tenía una descripción vívida para él. Sabía que sería efectiva, porque había visto a otras descripciones vívidas obrar a través de los años en cientos de personas adultas. Pero nunca había intentado utilizarlas como herramienta correctiva con mis hijos.

Después de la conversación que tuve con mi hijo, las descripciones vívidas se convirtieron en una parte constante en nuestro plan para criar a nuestros hijos. En los años siguientes, las he utilizado con cada uno de ellos, y todavía sigo haciéndolo. Con las descripciones vívidas he visto cambios más positivos en menos tiempo que lo que he visto con cualquier sermón que les haya dado.

Si eres un padre o madre que desea algún recurso adicional para tratar con situaciones problemáticas, las descripciones vívidas te pueden ayudar. Lo sé, porque la historia imaginaria de una estrella de básketbol captó la atención de mi hijo.

Hacía dos días que había regresado a casa después de mi último viaje de negocios. Como de costumbre, Greg estaba jugando a las escondidas emocionales, pero no deseaba que yo lo encontrara.

Como era mi costumbre, a menudo despertaba a alguno de mis hijos más temprano el sábado por la mañana, y lo llevaba a desayunar a un restaurante. Esta mañana, le tocaba el turno a Greg.

Cuando lo desperté supe, por su mirada y por la manera en que reaccionó al toque de mi mano, que todavía estaba molesto. Pero cuando le mencioné su lugar favorito para desayunar, ahuyenté cualquier idea que tuviera de evadirme.

Más tarde, cuando nos encontrábamos sentados a la mesa disfrutando de las torres de panqueques con almíbar, comencé a compartirle mi descripción vívida.

—Greg —le dije, mirándolo a los ojos—, necesito explicarte algo y me gustaría comenzar contándote una breve historia. ¿Te gustaría escucharla?

—Claro, Papá, adelante —contestó, devorando un gran bocado de panqueques.

"Supongamos que tú eres una estrella de básketbol en la liga juvenil", comencé mi relato.

Era el tiempo del campeonato universitario de básketbol. Al igual que yo, Greg era un fanático y permanecía pegado a la pantalla del televisor desde el mismo comienzo hasta el final. Con un recipiente de palomitas de maíz en la mano, miraba todos los partidos del campeonato.

Durante años yo había jugado con él, y lo había visto practicar, practicar y practicar en el aro que teníamos en el jardín de nuestra casa. Yo sabía que el objetivo de sus hazañas en aquel aro era llegar algún día a ser lo suficientemente bueno como para ser la estrella del cuadro que representara a su universidad.

Teniendo todo esto en mente, seleccioné y practiqué una descripción vívida pensando que captaría su atención. Y por cierto, di en el blanco.

"Durante la mitad de la temporada has sido el hombre clave de tu equipo. Tus compañeros y los fanáticos del básketbol están encantados contigo, y cada vez que sales a la cancha te vitorean: '¡Hurra, Greg!' '¡Hurra, Greg!' '¡Hurra Greg!'"

Estas aclamaciones en el restaurante hicieron asomar a su rostro una sonrisa mientras devoraba otro panqueque.

"Entonces, durante un partido, te tuerces el cuello al anotar un tanto, y al día siguiente te sientes muy adolorido. Se te endurece tanto el cuello que Mamá te lleva al doctor.

"Después de examinarte, el médico te dice que deberás usar una cuellera plástica y que no podrás practicar o jugar por tres semanas. Tener que sentarte a mirar un partido es lo más difícil que jamás hayas hecho. Solamente puedes mirar a tus compañeros desde las gradas soñando jugar junto a ellos.

"Después de veintiún días que te resultan muy largos, finalmente te encuentras listo para tirar la cuellera y volver al equipo. Pero el primer día que asistes a la práctica, sucede algo extraño.

"Tus compañeros, en lugar de aclamarte y de decirte lo contentos que están de que hayas regresado, te pasan por alto. El compañero que te reemplazó se muestra especialmente frío. Hasta el entrenador actúa como si nunca hubieras sido alguien importante para el equipo, y no te hace participar en tantos partidos como antes de lastimarte."

Desde el momento en que mencioné la palabra básketbol, pude ver en sus ojos que había elegido el tema que podía cautivar su interés más que lo que estaba comiendo. Había logrado lo imposible. Greg había dejado de lado su tenedor para escuchar la historia.

—Si te sucediera algo así, ¿cómo te sentirías?

—Me sentiría terriblemente mal, Papá, desearía volver al equipo.

Devolviéndole la mirada, hice una pausa antes de decirle:

—Greg, ¿te das cuenta de que por lo menos una vez al mes tú me tratas como lo hizo el entrenador contigo en esta historia?

—¡No! Yo no hago algo así —dijo enfáticamente—. Te amo, Papá. Nunca trataría de hacerte sentir tan mal.

"Greg, yo sé que tú no te das cuenta, pero cada vez que salgo de viaje, tú actúas igual que esos muchachos del equipo. Cuando regreso a casa, por varias horas me rechazas y no me permites regresar al equipo familiar.

"Si mi jefe me dice que debo salir de la ciudad durante tres días, tú siempre me dejas fuera del equipo cuando regreso. Como le sucedió al muchacho de la historia, me duele estar sentado en el banco, especialmente porque no comprendo por qué no me permites regresar al equipo.

"Greg, yo deseo ser parte de tu vida. Deseo volver a tu equipo cuando regreso a casa. Me duele que tú me rechaces, y a ti no te hace bien acumular enojo en contra de mí."

Aquella mañana, en aquella mesa, vi la luz de la convicción y de la comprensión amaneciendo en el rostro de mi hijo. Se sintió tan atrapado en las emociones generadas dentro de sí por mi historia, que me dijo que sentía mucho haberme pasado por alto. Y lo que me resultó aun más llamativo, fue que me aseguró que las cosas serían diferentes desde aquel momento en adelante. Todavía no estaba encantado con la idea de que yo viajara, pero me dijo que nunca volvería a pasarme por alto en forma premeditada.

Para ser sincero, mientras regresábamos a casa y yo escuchaba las promesas de mi hijo acerca del futuro, no podía dejar de pensar: *Esto suena muy bien, ¡pero tiene sólo doce años! Será imposible que recuerde todo esto.*

Sin embargo, muy pronto llegó el momento en que mis dudas serían puestas a prueba. Habían pasado unas pocas semanas cuando me encontré preparando nuevamente mis maletas. Pero esta vez, junto con el resto de la familia, Greg me ayudó a prepararlas. Y como todos los demás, él también me abrazó antes de partir.

Salí de mi casa sorprendido, aliviado y agradecido por el cambio de actitud de mi hijo. Justo al llegar a la puerta del automóvil, Greg me llamó desde el porche. Con su clásica sonrisa me dijo: "¡Que tengas un buen viaje, Papá. Y prepárate para que te rechace cuando vuelvas a casa!"

Cuando regresé de mi viaje, Greg no me pasó por alto. Y nunca más volvió a hacerlo. Como resultado de un desayuno compartido y de una descripción vívida utilizada para endulzar la conversación, tratamos un problema que bien podría haberse transformado en una relación fría y distante entre padre e hijo. Una vez más, vi el valor personal del uso de las descripciones vívidas con los niños.

Una descripción vívida emocional puede ayudarte a realzar tus habilidades para criar a tus hijos, dándoles a tus palabras un significado mucho más profundo. Inclusive te puede ayudar a reducir las proporciones de muchos problemas.

La segunda frustración de los padres:
Perder la perspectiva en los tiempos difíciles

El doctor James C. Dobson, destacado sicólogo, ha escrito un excelente libro: *Tener hijos no es para cobardes*.[2] Nos gusta mucho el título y el libro, especialmente porque habla abiertamente acerca del valor que se requiere para ser padres efectivos, especialmente en tiempos difíciles. En particular, el libro habla de la clase de valor que se necesita cuando se crían niños de dos años y cuando son adolescentes, y las luchas que enfrentan los padres al ir soltando las riendas a medida que sus hijos crecen.

El otro tema por el cual nos consultan tan frecuentemente como el tema de la disciplina, es el tener que enfrentar esas dos difíciles etapas en la crianza de los hijos. Entonces, ¿de qué manera puede ayudarle una descripción vívida a los padres para actuar con paciencia y valor al tener que enfrentar estas etapas difíciles o tiempos de crisis?

Para encontrar la respuesta, escuchemos la descripción vívida que utilizó una joven madre. Durante años, esa mujer había soñado con ser madre. Sin embargo, el mismo día que su sueño se hizo realidad, también se hizo añicos. Hasta que no expresó sus sentimientos en una descripción vívida, no pudo manejar sus emociones y expectativas.

Su descripción vívida le ha dado la esperanza y el valor para continuar siendo la mejor madre posible, aun cuando se siente tentada a desplomarse interiormente. He aquí la conmovedora descripción vívida que ella nos expresó:

"Siempre había soñado con poseer una hermosa vasija; una de mucho precio, hecha a mano para mí con exquisitas curvas e intrincados detalles", comenzó diciendo.

"Pasé muchas horas pensando cuál sería el mejor lugar de la casa para ponerla y con cuánto orgullo la exhibiría. Me imaginaba que sería la primera cosa que verían los parientes y los invitados. Les llamaría la atención y generaría sus elogios.

"Finalmente, llegó el día en que debía ir a recoger mi preciosa vasija. Ni los muchos años de espera, ni el dolor de su precio pudieron empañar mi alegría, hasta que me entregaron una vasija deformada.

"En lugar de ver la obra de arte que había visto durante tanto tiempo en mi mente, me dieron una vasija rota en mil pedazos. Mi corazón se rompió también en mil pedazos, y lloré mucho después que mis lágrimas se hubieron secado.

"Por muchos días, me parecía que debería de haber existido algún error. Con toda seguridad alguna otra persona merecía una vasija rota, no yo. Pero lenta y dolorosamente, comencé a recobrarme. Aquel proceso comenzó el día en que tomé los pedazos rotos en mis manos y prometí volverlos a unir. Aunque me daba cuenta de que aquella vasija nunca sería perfecta, sabía que podría amarla, a pesar de todas sus grietas.

"Poco a poco, todos aquellos pedazos comenzaron a tomar forma. Con el paso de los días, tuve más amor y paciencia para unir esos pedazos de lo que jamás había pensado que fuera posible. Con el tiempo, comencé a ver cómo crecía una obra de arte de lo que había sido un montón de pedazos.

"Pero esto no quiere decir que las cosas hayan sido fáciles. Hay dos grupos de personas que una y otra vez se cruzan en mi camino.

"El primer grupo es más grande y ruidoso que lo que jamás había pensado. Cada vez que esta gente se acerca, hacen todo lo posible por pisar alguno de los pedazos rotos. Los aplastan y pisotean con sus crueles palabras y con sus miradas despectivas, hasta que los pedazos quedan en un estado que parece irreparable. Siempre me siento frustrada e impotente cuando esta gente se acerca. Desearía que se fueran y que no volvieran nunca más, pero siempre retornan. Cuando ellos se encuentran cerca de mí, nuevamente me siento tentada a ver solamente los pedazos rotos y el pegamento embadurnado, en lugar de ver una vasija de mucho precio.

"El segundo grupo es mucho más pequeño, pero posee un corazón dos veces más grande. Al ver los pedazos esparcidos, estas personas se arrodillan a mi lado y amablemente me ayudan a recogerlos. Uno por uno, me ayudan cuidadosamente a poner cada pedazo en su lugar correcto, casi como si fuera su propia vasija. A diferencia del primer grupo, estas personas me dejan llena de renovada esperanza y amor.

"Si todavía no se han dado cuenta, esta vasija de la cual estoy hablando es mi preciosa hija nacida con impedimentos físicos.

"Siempre había deseado tener un bebé, pero me sentí devastada cuando el médico me dijo que nunca sería normal. Mi esposo y yo le pedimos a Dios que nos diera un amor especial por esta hija, y él nos lo ha dado. Por supuesto, hay días en los que me canso de levantar pedazos. Pero de alguna manera, ahora el trabajo es más fácil. Hemos puesto tanto amor y compromiso en pegar los pedazos de su vida, que no puedo imaginarme amando a nadie ni a nada más que a ella."

Para esta joven madre, el imaginar a su preciosa hija como una vasija de mucho precio, la ayudó a poner en la perspectiva correcta sus sentimientos de amor, esperanza, ira, confusión y dolor. También nos brindó a nosotros un cuadro gráfico de lo que estaba sucediendo en su vida.

Cuando la tarea de los padres se torna difícil, las descripciones vívidas emocionales nos ayudan a sacar a la luz sentimientos escondidos y nos dan una perspectiva totalmente diferente. Pueden ayudarnos a elevar nuestros ojos por encima de las circunstancias y a tomar control de nuestros sentimientos.

Las dos primeras barreras con las que se enfrentan los padres son la disciplina y el mantener una actitud positiva durante tiempos difíciles. Como un experto entrenador, las descripciones vívidas pueden ayudarte a saltar esas barreras para que ganes. Además, las descripciones vívidas pueden ayudar a los padres de otras cuatro maneras.

No solamente pueden ayudarte a saltar las barreras, sino que pueden ayudarte a criar hijos "de primera". Las descripciones vívidas proveen un legado de amor que tus hijos llevarán consigo por el resto de sus vidas.

14

Los ladrillos para edificar una relación exitosa con tu hijo

A lo largo de varios años, realizamos la investigación y escribimos un libro que trata de la manera en que los padres pueden comunicarles más efectivamente a sus hijos su amor y lo mucho que los valoran. Al escribir ese libro titulado *La bendición*, aprendimos mucho acerca de las características del amor y del aliento incondicional que podemos darles a nuestros hijos.[1] Lamentablemente, al mismo tiempo descubrimos muchos más casos de lo que jamás hubiéramos deseado, acerca de niños que crecieron con una crítica desaprobación.

Cuando escribimos ese libro, sabíamos que en muchos hogares no se comunica el amor y la aceptación. Sin embargo, no teníamos idea de la magnitud del problema. Desde que se publicó *La bendición*, hemos oído de cientos de individuos que de niños nunca sintieron que sus padres los amaban y valoraban. Como resultado, generalmente se fueron de sus casas y cayeron presa del alcoholismo, de las drogas, de la depresión crónica y de la adicción al trabajo. Y sus relaciones con sus hijos y su matrimonio están hechos añicos.[2] Todos estos problemas son el eco de la desdicha durante la niñez.

En un intento por huir de familias en las que no se sienten amados, muchos adolescentes se han precipitado en los brazos de algún miembro de una secta o de alguna relación sexual ilícita, dejando muy atrás los valores morales, espirituales y religiosos de sus padres.[3]

Sabemos que como padre o madre consciente, nunca desearías ver ninguno de estos problemas en la vida de tus hijos, pero tampoco era el deseo de aquellos padres de cuyos hijos recibimos cartas, y que actualmente se encuentran viviendo en medio del dolor emocional.

Muchos padres pensaron que estaban haciendo depósito tras depósito en el banco de amor de sus hijos, obteniendo como resultado que esos hijos dejen el hogar con un saldo negativo en lo profundo de su ser. La mayoría de las cartas que recibimos no provienen de niños víctimas del abuso sexual o de hogares de alcohólicos. Generalmente, las historias más trágicas provienen de niños y niñas que han crecido en familias que en muchos aspectos fueron amorosas, pero sin embargo, este amor no se comunicó de una manera en que se pudiera comprender y aceptar.

¿Cómo pudo suceder eso? ¿Qué es lo que marca la diferencia entre un hogar que envía un hijo a la vida sintiéndose valorado, amado y bendecido, y un hogar que no puede lograrlo? Generalmente lo que marca esta diferencia es lo que los padres han dicho o han dejado de decir.

Es imperativo que los hijos sepan y escuchen, de una manera que puedan comprender y recordar, que Mamá y Papá los aman y los valoran. ¿De qué manera puedes comunicar la alta valoración y la aceptación que sientes por tus hijos? ¿De qué manera puedes compartir palabras que los protejan y les provean los elementos mencionados anteriormente? ¿Cómo puedes comprenderlos mejor y lograr que ellos te comprendan?

Nuevamente, no conocemos una manera mejor para dejar un legado de amor a tus hijos que el utilizar descripciones vívidas emocionales.

Un legado de amor para nuestros hijos

Como hemos mencionado en los capítulos anteriores, la razón por la cual muchas personas no desarrollan una buena intimidad en su matrimonio es porque no tienen los conocimientos y las habilidades necesarias para llegar a la intimidad. Criar a los hijos también requiere conocimientos y habilidades, y es preciso saber cuáles son las cosas que derrumban una relación, y cómo se puede reconstruir.

Ya has visto de qué manera las descripciones vívidas pueden ayudar en las importantes esferas de la disciplina y de una actitud positiva. En las páginas siguientes, deseamos compartir contigo cuatro maneras adicionales en las cuales las descripciones vívidas pueden ayudar a un padre a decirle a su hijo "te amo", de tal manera que el hijo pueda comprender la realidad de ese amor. Son el reflejo de los pilares que sostienen a un matrimonio feliz, de los cuales hablamos en los capítulos once y doce.

Pero antes de comenzar a hablar sobre las diversas maneras en que las descripciones vívidas ayudan a los padres, debemos enfrentar otro asunto, ya que en muchos hogares, la falta de habilidad no es el problema. El problema es la falta de tiempo.

"Tengo todo el tiempo del mundo . . . ."
Así como el clamor general de muchos hijos es: "Por favor, dime que me amas", una respuesta igualmente general de muchos padres es: "Tengo todo el tiempo del mundo para decírtelo." ¿Es verdad? ¡Ojalá que así fuera!

¿Qué harías si al entrar al consultorio del médico un día recibes la noticia de que tienes cáncer? ¿Cómo reaccionarías frente a la noticia de que morirás en unos pocos meses?

Si has dedicado la mayor parte de tu tiempo a desarrollar una carrera profesional, ¿cómo podrías comenzar a centrar tu atención en construir una relación más íntima con tu esposa y con tus hijos? Si te dieran esa noticia, en poco tiempo todo lo que le quedaría de ti a tu familia sería el recuerdo. ¿Qué podrías hacer para dejarles un legado de amor al cual ellos se puedan aferrar? Más aún, ¿cómo podrías dejarles a tu esposa y a tus hijos palabras que trajeran calor a sus corazones, aun cuando ya no fuera posible para ti acercarte a ellos y abrazarlos?

Si fueras nuestro amigo, a quien llamaremos Pablo, tendrías que contestarte todas estas preguntas. Esto es lo que él ha escuchado y pensado. Mientras escribimos este libro, todas éstas son preguntas de la vida real a las cuales tiene que enfrentarse.

Pablo tiene tres hijos y una amorosa esposa; y se está muriendo de esclerosis lateral amiotrófica, una enfermedad rara y fatal que le quitó la vida a Lou Gehrig, el "hombre de hierro" del béisbol.[4]

Yo (John) conocí a Pablo en un campamento familiar en el cual me encontraba dictando unas conferencias. A diferencia de los que habían venido a tomar unas vacaciones, él tenía otro propósito en la mente. No tenía mucho tiempo de vida y deseaba que lo que le quedaba y sus palabras fueran significativas.

Mientras yo hablaba de las maneras prácticas de formar relaciones valiosas, Pablo tomaba detalladas notas. Después de la presentación, nos sentamos y conversamos acerca de una idea que él tenía; una idea para capturar su amor y sus oraciones por su familia a través de descripciones vívidas.

El no tendrá la posibilidad de ver crecer a sus hijos. Sin embargo, a lo largo de los años, sus hijos podrán leer y releer una serie de cartas en las que se encuentra trabajando en este momento; una colección de descripciones vívidas que estarán aguardando que ellos las lean en momentos importantes de sus vidas.

El no tendrá la posibilidad de ser uno de los orgullosos padres que se encuentren presentes el día de la graduación de sus hijos, pero sus palabras estarán allí.

El no será quien ayude a poner el equipaje en el maletero del automóvil de su hijo o de su hija cuando se marche hacia la universidad, pero su mensaje de aliento estará allí.

Nunca tendrá la oportunidad de llevar a sus hijas al altar en el día de la boda o de recibir el llamado telefónico avisándole que ha sido abuelo, pero sus descripciones vívidas de amor y aliento estarán allí.

Todo esto será posible porque actualmente él está escribiendo descripciones vívidas que llevarán sus oraciones, sus deseos y su esperanza para sus hijos en el futuro, cuando su voz ya no pueda oírse.

Cuando finalmente este libro llegue a tus manos, es probable que Pablo se encuentre en la presencia de Dios; sin embargo su familia siempre tendrá su legado personal de amor, descripciones vívidas que son tan reales que parecerán cobrar vida extendiendo los brazos para abrazar a su esposa y a sus hijos. A través de esas palabras, su presencia bendecirá y animará a su familia a lo largo de toda la vida.

Madres y padres, ¿cuál es la razón por la que no les dicen a sus hijos las palabras que tanto necesitan oír ellos? ¿Es que acaso las otras actividades son realmente tan importantes que les impiden expresarles o escribirles a sus hijos palabras que puedan atesorar toda su vida? Es probable que no tengamos una sentencia médica pendiendo sobre la cabeza, pero para cada uno de nosotros es más tarde de lo que pensamos.

A la velocidad en que crecen los hijos, y con todas las inseguridades de la vida, no es el momento de retener palabras de amor y afecto. El futuro de tus hijos está en juego, por lo tanto deberías comenzar a aprender las habilidades que pueden marcar una diferencia duradera en sus vidas.

Fuere cual fuere la razón, dejemos de perder el tiempo y comencemos a mirar las cuatro maneras en que las descripciones vívidas emocionales pueden llevar nuestro mensaje de amor directo a sus corazones, comenzando con el pilar de la seguridad.

Las descripciones vívidas y la crianza de los hijos
1. Los hijos necesitan seguridad en palabras y en acciones

Hace algunos años, aconsejamos a un matrimonio que reñía constantemente. Por más que lo intentamos parecía imposible ayudarles a terminar con sus acaloradas discusiones.

Cada vez que pensamos que no estamos llegando a ninguna parte con una pareja, hay algo que siempre hacemos que sitúa a las cosas en una nueva perspectiva. Le pedimos a la pareja que traiga a sus hijos a la próxima sesión.

A través de los años, hemos descubierto que los hijos son espías en miniatura. Es probable que Mamá y Papá eviten ciertos temas o que nos den una imagen distorsionada, pero cuando invitamos a los hijos, en el momento inesperado sueltan aquello que tanto necesitamos saber.

Cuando nos reunimos con esta pareja en la siguiente sesión, se unieron a nosotros su bien parecido hijo de once años y su encantadora hijita de seis años. Y a pesar de que en aquel momento no nos dimos cuenta, estábamos por recibir una tremenda lección acerca de la importancia de la seguridad en el hogar.

—¿Qué es lo que más te molesta cuando tus padres discuten? —le preguntamos a la pequeña.

Ella echó una rápida mirada a sus padres. Cuando su Mamá

asintió, la niña dijo: —Cada vez que Papá se enoja con Mamá o con nosotros, se quita el anillo de compromiso y lo arroja con fuerza contra la pared.

Su padre explicó rápidamente que en realidad su intención no era arrojar el anillo de compromiso. Simplemente "desahogaba" su enojo. Cuando algo le molestaba, se sacaba el anillo y lo hacía rebotar contra las paredes. Entonces nos explicó que lo que él hacía era una "saludable expresión" de enojo. Después de todo, nosotros como consejeros deberíamos comprender lo dañino que es almacenar enojo dentro de sí.

De lo que él no se daba cuenta era que sus acciones se habían convertido en una descripción vívida de inseguridad para su hija. Al arrojar su anillo, él creaba un símbolo que en la mente de su hija se proyectaba en tecnicolor en una pantalla panorámica. Esa acción representaba todo el temor que tenía esa niña pensando que su padre los lastimaría o los abandonaría.

Cada vez que esa preciosa niña veía volar el anillo de compromiso de su padre a través de la habitación, veía que su futuro se iba junto con él. En lugar de construir la seguridad que tan desesperadamente necesitaba, su padre le creó un mundo de constante temor. El temor que le producía la inseguridad, afectó su estómago tan seriamente que ya le habían diagnosticado úlceras.[5]

Durante más de un año antes que vinieran buscando consejo, el anillo de bodas de su padre era una descripción vívida de deserción, soledad, temor y ansiedad. Esto comenzó a cambiar sólo cuando ese padre fue confrontado con el daño que estaba causando.

Comenzamos a "sacarle el jugo" a la descripción vívida de la niña (habilidad que discutimos anteriormente en este libro)[6] formulándole a su padre preguntas tales como:

"¿Qué es lo que te produce tanta frustración como para quitarte el anillo y arrojarlo por el aire?"

"Cuando eras pequeño, ¿viste a tu padre literal o figurativamente arrojar su anillo de compromiso?"

"¿Crees que tu esposa también está a punto de arrojar su anillo?"

"¿Cómo crees que se sienten tus hijos cuando ven volar tu anillo?"

"¿Qué sería necesario, a partir de este mismo momento, para

que te pongas nuevamente el anillo y no te lo quites nunca más?" Mediante la descripción vívida de un anillo, hablamos a toda una familia acerca del tema de la seguridad. Al tomar una descripción vívida de su propio hogar, nuestras palabras captaron las emociones del padre como no lo había hecho ninguna otra cosa que dijéramos en todas las sesiones previas.

A pesar de que no todas las historias tienen un final feliz, ésta lo tuvo. Al concluir las reuniones de asesoramiento algunos meses más tarde, esta familia hizo dos cosas.

En primer lugar, se tomaron el tiempo para compartir con sus hijos una descripción vívida acerca de un anillo de boda que había sido rayado y opacado, pero que ahora lo habían reparado y lo habían lustrado hasta devolverle su brillo. Y les aseguraron que ese anillo permanecería en el dedo de Mamá y de Papá, sin importar lo que tuvieran que enfrentar en el futuro.

Esta pareja sabía que no había construido un fundamento de seguridad para sus hijos, y admitieron que les habían causado daños físicos y emocionales. Esto fue lo que les hizo buscar a un consejero. Entonces, cuando su hija les señaló una descripción vívida, estuvieron dispuestos a realizar los cambios necesarios.

Actualmente, la pequeña tiene una visión muy diferente en su mente del anillo de su padre. Ya no representa la ira, la frustración y el temor. En cambio, brilla con el amor, el valor y la decisión necesaria para resolver problemas. Sus palabras, junto con sus acciones, han hecho del viejo cuadro de un hogar inestable la obra maestra de un hogar seguro.

En una escala del uno al diez, ¿dónde se encuentra el nivel de seguridad de tu hogar en estos días? Si desciende a un tres o a un cuatro, estás comunicándoles a tus hijos una descripción vívida de inseguridad.

Cuando se trata de criar a los hijos, éstos no crecen ni florecen si constantemente se les arrancan las raíces. La inseguridad en un hogar remueve las raíces; la seguridad provee la profundidad y el refugio para que éstas se desarrollen.

Si te encuentras solo en la tarea de criar a tus hijos, tienes mucha más razón para asegurarles que no los abandonarás, y las descripciones vívidas pueden ayudarte. En toda separación o divorcio, los hijos reciben una dosis masiva de inseguridad. Para combatir el daño de tales sentimientos, debes proveerles una constante fuente de seguridad. En el capítulo 16 compartiremos un tesoro de más de cien descripciones vívidas para ayudarte a crear las tuyas propias.

Hemos visto cuán importante es la seguridad, tanto para nuestros hijos como para nuestro matrimonio. Ahora veamos de qué manera el uso de las descripciones vívidas nos puede ayudar a formar el carácter de nuestros hijos e hijas.

2. Los hijos necesitan instrucción y amistad

Resulta claro que en el caso de los niños pequeños, la mejor manera de producir cambios en su carácter es a través de la instrucción. Los educadores lo han sabido por años. Esta es una de las razones por las cuales el lenguaje figurado y las descripciones vívidas son una clave en la enseñanza de los niños pequeños.

Desde la etapa preescolar en adelante, los niños aprenden y recuerdan mejor las lecciones si se las comunica con una historia o un objeto.[7] Por cierto, que la incapacidad de comprender el lenguaje figurado es una señal temprana de problemas en el aprendizaje.[8]

Y no son sólo las investigaciones modernas las que apoyan el uso de las descripciones vívidas en la instrucción del niño. Desde tiempos antiguos, la meta de un padre giraba en torno a "instruye al niño en su camino".[9] Siendo los primeros formadores del carácter de un niño, los padres hacen bien en dedicar tiempo a instruirles de manera que puedan tener una plataforma sólida para la vida que desarrollarán más adelante.[10]

¿De qué manera pueden comprender mejor los niños conceptos abstractos tales como la honestidad, la verdad, la disciplina y el amor? Ya sea un concepto educativo o una verdad espiritual, los niños (o los adultos) aprenden mejor cuando una descripción vívida forma parte de la instrucción.

Los padres de niños pequeños pueden sacar ideas de las investigaciones que hemos realizado para escribir este libro y también de las historias que hemos mencionado. Es decir, las descripciones vívidas son una llave para formar el carácter y para ayudarnos a comunicar nuestro objetivo. En gran parte, esto es así porque las historias emocionales tocan las cualidades de la vida real, especialmente en el caso de los niños.

Esta es una de las razones por las cuales se debe controlar

tanto lo que ven en la televisión. Es también una razón por la cual una descripción vívida, extraída de una de las cuatro fuentes, puede ser tan poderosa.

Conocemos a una madre que utilizó su horno de microondas para enseñarle a su hijo una lección muy necesaria acerca del enojo. Tomó un recipiente transparente de plástico, lo llenó de agua e hizo funcionar el horno microondas en alta temperatura durante tres minutos. Mientras ella y su hijo observaban cómo la calma superficie del agua se transformaba en impetuosas burbujas, conversaron acerca de cómo manejar la frustración.

Le preguntó a su hijo cuáles eran las cosas que a veces le hacían hervir por dentro. Después conversaron acerca de cómo podía oprimir el botón de "pausa" para conversar cuando las cosas comenzaban a frustrarle. De esta manera pudo ayudarle con su frustración en sus primeras etapas, en lugar de enterarse cuando las emociones del niño se encontraban en ebullición.

Otra madre utilizó un proverbio bíblico (una especie de descripción vívida) para conversar con su hijo que carecía totalmente de motivación. El proverbio dice: "Ve a la hormiga, oh perezoso, mira sus caminos, y sé sabio."[11]

Después de considerarlo durante largo rato, esta sabia mujer llevó a su hijo a hacer justamente eso. Le compró un hormiguero, de esos que vienen en recipientes parecidos a las peceras, y lo mantuvo muy entusiasmado observando cómo las hormigas se alimentaban y desarrollaban una actividad ininterrumpida en la colonia. Cada día, su hijo observaba cómo las hormigas trabajaban juntas y permanecían en sus labores. Al hacerlo, pudo ver ejemplos vivos de los rasgos del carácter que su madre deseaba formar en su vida.

En el tiempo apropiado, esa madre utilizó una descripción vívida. Conversó con él diciéndole de qué manera podía ser una mejor "hormiga" en las tareas de la casa y de la escuela, y de qué manera lo que él hacía o dejaba de hacer afectaba a todos los que vivían en la casa. Para su inmensa sorpresa, el niño comenzó a mostrar cambios visibles en su comportamiento.

En estos hogares y en cientos de otros, los padres han usado descripciones vívidas para hacer cobrar vida a las lecciones que les desean inculcar a sus pequeños. Ellos saben que cuando a un niño se le da un cuadro del comportamiento deseado, en lugar de simples palabras, el niño aprende más rápidamente la lección y la recuerda por más tiempo que si se le hubiera dado un inspirado sermón.[12]

Es de suma importancia ser diestro en el uso de las descripciones vívidas con los niños. Esto es así porque sus mentes están en una etapa receptiva en la cual se encuentran más abiertas a cambiar a través de la instrucción. Pero muy pronto, al asomarse la pubertad, el niño se trasladará a la etapa de "yo ya lo sé, no necesito que me lo digas". La adolescencia requiere un enfoque diferente para lograr cambios.

El uso de las descripciones vívidas con los adolescentes
Generalmente, los adolescentes atraviesan una crisis de "individualidad" justo en el tiempo en que sus padres atraviesan por la "crisis de identidad" de la edad madura. ¿Cuál es el resultado de ese desajuste emocional? Como dijo una vez un hombre: "Lo que tenemos aquí es el fracaso en las comunicaciones."

Si la meta de los padres con los hijos pequeños es la formación del carácter a través de la instrucción, la meta con los adolescentes es la formación del carácter a través de la amistad.

La disciplina adquiere un nuevo significado cuando debes levantar la cabeza para mirar a tu hijo en lugar de bajarla. Y cuando todas las amigas de tu hija se encuentran manejando automóviles, es difícil mantenerla a ella dentro de la casa el tiempo suficiente como para escuchar largos sermones. Cuando los hijos llegan a la adolescencia, los padres cosechan los resultados de la instrucción (tanto buena como mala) que hayan sembrado en ellos durante los primeros años, con el fin de formar su carácter. Pero si esto es así, ¿cómo se puede cambiar el comportamiento de un adolescente? Nuevamente, las descripciones vívidas son una poderosa llave para lograr cambios en el carácter.

Los investigadores señalan que en el caso de los adultos (los adolescentes son adultos en cuanto a su manera de pensar aunque no siempre lo sean en discernimiento), la mejor manera de producir un cambio es a través de un acontecimiento emocional significativo.[13] Piensa en esto por un momento.

¿En qué momento los adultos se encuentran más receptivos a la enseñanza? Cuando un acontecimiento significativo hace impacto en una relación importante.

Vimos a un esposo que jamás había tocado un libro acerca del matrimonio, pero que cuando su esposa se fue del hogar, leyó docenas de ellos.

Hemos conocido a una mujer que jamás escribía cartas, pero repentinamente comenzó a enviar innumerable cantidad de notas después de recibir la noticia de que su madre estaba muriendo.

Y hemos conocido a adolescentes que han escuchado palabras de alabanza, de instrucción y de corrección con el mejor de los resultados, cuando han sido expresadas por un padre o una madre que también es su amigo. Un padre sabio es aquel que no se pasa todo el tiempo castigando a sus hijos, sino que es capaz de capturar las emociones de ellos en una conversación de corazón a corazón.

Si tú eres como muchos padres y les has declarado la guerra a tus adolescentes, podemos asegurarte que no habrá ganadores, sino solamente prisioneros. Y si un adolescente es prisionero en su propio hogar, ten cuidado cuando rompa las cadenas para ir a la universidad o para salir a trabajar.

Si estás más interesado en el comportamiento de tu hijo que en su carácter, él captará esta contradicción. Si tu hija siente que tu mayor preocupación es que no te ponga en situaciones embarazosas en lugar de preocuparte que ella haga lo que es mejor para su vida, actuará con rebeldía. Y si no sabes lo que se necesita para desarrollar una amistad significativa con tu hijo, entonces tu primera prioridad debería ser adquirir el conocimiento y las habilidades necesarias para desarrollar esa amistad.[14]

Puedes obligar a un niño de dos años a que se siente en una silla, aunque por dentro todavía esté de pie, es decir, sin haber logrado la sumisión de su parte. Pero no puedes obligar a un adolescente a "tragar" por la fuerza palabras o ideas, porque más tarde reaccionará en contra de ti y te devolverá esas mismas palabras.

En un hogar en el cual el adolescente no puede ser amigo de sus padres, escuchará a sus compañeros en lugar de escuchar a sus padres. Si deseas que tu hijo o tu hija te escuche, entonces aprende a hablar en su idioma. Trata de hablar con el lenguaje del amor. La música que ellos escuchan lo hace, sus compañeros lo hacen, e inclusive la Biblia que leen lo hace. Si deseas tender lazos de amistad con tus hijos, entonces, hazlo tú también, háblales utilizando el lenguaje del amor.

Ya sea que nuestros hijos se encuentren en la etapa de instrucción o en los años en los que debemos fomentar una amistad, las descripciones vívidas nos ayudarán a desarrollar nuestra tarea de padres. Veamos ahora cómo meditar brevemente en los dos pilares restantes del matrimonio nos puede ayudar.

3. Los hijos necesitan el amor que imparte el contacto físico significativo

En el capítulo en el que hablamos acerca de formar una relación íntima en el matrimonio, vimos que el contacto físico significativo puede impactar fuertemente una relación. Literalmente, deja en la mente del cónyuge una descripción vívida de compromiso y cuidado. Pero, ¿sucede lo mismo con los hijos?

Recientemente tuvimos noticias de una joven madre soltera que leyó uno de nuestros libros acerca de la crianza de los hijos. En uno de los capítulos enfatizamos el cuadro simbólico que el contacto físico le proporciona a un niño, y esto le trajo convicción a ella.

Esta joven mujer, a quien llamaremos Teresa, había quedado embarazada estando soltera. Con la convicción de que la vida es sagrada, siguió adelante con su embarazo. En un principio había pensado en dar a su bebé en adopción, pero a último momento decidió quedarse con su hijito, a quien llamó Juan.

Cuando el entusiasmo de tener un bebé recién nacido pasó, comenzaron a desarrollarse los problemas. A medida que el bebé iba creciendo, también crecía su resentimiento hacia él. En lugar de ser un motivo de gozo, este niño se convirtió en una carga. En lugar de ser un objeto de amor, se convirtió en el símbolo de su frustración en la vida.

Pero al comenzar a asistir a una iglesia que se encontraba cerca de su pequeño departamento, Teresa comenzó a tomar un camino diferente. Los miembros de aquella iglesia la ampararon bajo sus alas, y la ayudaron de muchas maneras. Sin embargo, ella seguía sintiendo un profundo resentimiento hacia Juan, y no parecía poder superarlo. Este sentimiento se manifestaba de una forma en particular: Teresa no deseaba tocar al niño.

El contacto físico es la primera forma en que los bebés saben que los aman. Mucho antes que puedan comprender las palabras, claramente captan el lenguaje del amor, expresado en contactos físicos significativos. Pero este elemento no se encontraba en las páginas de la vida del pequeño Juan.

¿Qué fue lo que cambió a Teresa? ¿Qué fue lo que la llevó a vencer aquellos sentimientos y acercarse para tocar a su hijo?

A medida que el niño crecía, Teresa comenzó a notar problemas que no podía pasar por alto. Después de leer en nuestro libro acerca del increíble poder del contacto físico significativo, habló con un grupo de amigos acerca del rechazo que sentía hacia su hijo. Sabiamente, ellos la animaron a hablar con un consejero.

En unas pocas sesiones, Teresa comprendió muchas razones por las cuales se rehusaba al contacto físico significativo: la culpa por su pasado, la falta de contacto físico en su propio hogar, el hecho de que Juan se pareciera tanto a su padre (el hombre que la había dejado embarazada y que después se había reído de sus planes de llevar adelante el embarazo).

Finalmente, decidió darle a su hijo, a través del contacto físico, una imagen del amor que sentía por él. Pero sus primeros intentos no resultaron exactamente como ella pensaba. Cuando se acercó para abrazarlo, ¡el niño salió corriendo! Las únicas veces en que ella lo había tocado anteriormente era cuando estaba enojada, por lo tanto, cuando puso sus brazos alrededor de él, el niño salió corriendo, llorando en medio de la confusión y el temor.

Sin embargo, después de varias semanas, triunfó la determinación de Teresa de ofrecer esta poderosa descripción vívida de amor, y la transformación en las actitudes y acciones de Juan fue notable. Su hijo no solamente se tornó más sociable y menos ansioso en presencia de otros, sino que su rendimiento y su atención en la escuela también mejoraron. Todo esto porque ella comenzó a darle una poderosa descripción vívida silenciosa del amor que sentía por él.

En una escala del uno al diez, ¿en qué lugar te ubicarían tus hijos de acuerdo con el contacto físico significativo que tienes con ellos? ¿Se lo has preguntado últimamente? ¿Le has hecho esta pregunta a tu cónyuge?

Inclusive en el caso de los adolescentes que se escurren de los brazos de la madre o del padre cuando quieren darle un abrazo ("Mamá, ¡basta! ¡Alguno de mis amigos podría verte!"), igualmente necesitan esta descripción vívida de amor. Debes tratar de ser un poco ingenioso, pero edificarás amor y valor personal en tu hijo cuando no tengas temor de tocarle de maneras significativas.

4. Los niños necesitan momentos que los unan emocionalmente a sus padres

Nos damos cuenta de que los momentos "románticos de unión emocional" que son tan importantes para un matrimonio, tienen límites definidos en el caso de los hijos. Sin embargo, si quitas la palabra "romántico" puedes tener toda la unión emocional que desees con tu hijo o tu hija.

La mejor manera que conocemos para unir a una familia, es ir a acampar. El acto de acampar no es lo que provee la unión, sino lo que sucede cuando acampamos con nuestros hijos. Puedes imaginarte lo que sucede: ¡catástrofes!

Por alguna razón los recuerdos de un viaje en el cual acampaste (cuando te olvidaste de llevar la comida, la vez en que la tienda se cayó dos veces, cuando tuviste un neumático desinflado en el viaje de ida y otro en el viaje de vuelta), se convierten en experiencias que unen a la familia.

Nunca podrás olvidarte de la vez que saliste con tu familia a tomar un helado y tu hijo más pequeño dejó caer el cono de helado sobre su zapato. ¿Y cómo podrás olvidarte de la vez en que llevaste a tu hijo a practicar *surfing* por primera vez y después tuviste que llevarlo a la sala de emergencia cuando la tabla de *surfing* le produjo un corte en el mentón? Tales experiencias no sólo nos unen (una vez que los puntos de la sutura han sanado, por supuesto), sino que van directamente al corazón de tu hijo.

A esta altura del libro ya has visto el "porqué" y el "cómo" del uso de las descripciones vívidas en las relaciones importantes de tu vida. Pronto cerraremos el libro brindándote 101 descripciones vívidas que puedes comenzar a aplicar inmediatamente. Sin embargo, antes de llegar a este tesoro de descripciones vívidas, hay algo que no podemos pasar por alto.

El mal uso de las descripciones vívidas es un peligro que nos gustaría pasar por alto, pero no podemos hacerlo. A través de los años hemos visto dramáticos ejemplos del bien que procede del uso del lenguaje del amor, pero también hemos visto grandes destrucciones emocionales cuando las descripciones vívidas se utilizan mal o se tergiversan en lenguaje de odio.

No nos gusta esta posibilidad, pero nos parece que es importante ahuyentar las sombras y sacar a la luz a aquellos que explotan el lado oscuro de las descripciones vívidas. Estas personas lastiman emocional (o físicamente) a otros una y otra vez. Rechazan todas las descripciones vívidas que tú puedas darles, y te arrojan las suyas con el ímpetu de un terremoto. Estos individuos no parecen comprender el significado del refrán: "Amor con amor se paga."

¿SE PUEDEN UTILIZAR MAL LAS DESCRIPCIONES VIVIDAS?

15

El lado oscuro de las descripciones vívidas emocionales

Hemos dedicado casi todo este libro a los beneficios que nos proporciona el utilizar descripciones vívidas emocionales. Francamente, el deseo de nuestro corazón sería terminar aquí, sin tener que mirar más allá del lado positivo de las descripciones vívidas. Pero por más poder que tengan las descripciones vívidas para lanzar flechas emocionales al corazón de una persona, carecen de poder con cierta gente que parece usar una impenetrable armadura de hierro de tres centímetros de espesor.

Esas personas no solamente rechazan las descripciones vívidas (aun aquellas en las que se les ofrece elogio o aliento), sino que toman esa misma flecha, la convierten en un dardo de fuego y nos la arrojan de vuelta.

Con todo el poder que las descripciones vívidas tienen para hacer el bien, también tienen un gemelo maligno que no podemos pasar por alto. Usar las descripciones vívidas con sabiduría puede resultar muy ventajoso en una relación. Pero si se usan mal, las descripciones vívidas pueden ser muy peligrosas.

Cuando comenzamos a realizar nuestra investigación sobre las descripciones vívidas emocionales, notamos un elemento perturbador. Algunas de las personas más destructivas en la historia de la humanidad, ocasionaron su daño, en gran parte, a través del uso de descripciones vívidas.

Algunos de estos individuos han sido conocidos por la terrible destrucción de vidas que provocaron. Pero algunas de las personas que conocemos que más daño han causado, jamás dispararon un arma ni incitaron una rebelión. Sencillamente utilizaron el poder de las palabras para destruir matrimonios, familias, amistades y negocios. Es probable que estas personas jamás hayan accionado un gatillo, pero sus palabras han puesto un revólver en las manos de la otra persona, haciéndole apuntar hacia su misma sien.

Sin lugar a dudas, el uso bueno y el uso malo de las descripciones vívidas nos han demostrado la absoluta veracidad de la afirmación: "La muerte y la vida están en poder de la lengua."[1]

Un médico consciente no solamente le dice a su paciente las ventajas de un remedio, sino que también le explica sus peligros y posibles consecuencias. De manera similar, no estaría bien de nuestra parte pasar por alto el daño que se puede hacer cuando el lenguaje del amor se tergiversa y se convierte en el lenguaje del odio.

Bien usadas, las descripciones vívidas imparten elogio y corrección, ayudan a discernir mejor y desarrollan una intimidad duradera y una mejor comprensión. Mal usadas son un arma para controlar, dominar, lastimar o manipular a otros. Hemos trabajado diligentemente para entregarte la herramienta transformadora de vidas que se encuentra en las descripciones vívidas emocionales. Pero ahora deseamos presentarte una advertencia. Es probable que existan personas que vuelvan esta herramienta en contra de ti, y que la utilicen como un arma.

El hecho de que algunas personas puedan usar mal el poder inherente de las descripciones vívidas para afectar vidas, no debe detenernos. Un esposo preocupado puede sentarse al volante de su automóvil y conducir rápidamente al hospital a su esposa que está por dar a luz; pero si pones a un alcohólico furioso detrás del volante, tendrás un arma que puede matar.

A pesar de eso, seguimos conduciendo automóviles, por el bien que proporcionan, pero somos conscientes del poder que tienen para lastimar y mutilar. Lo mismo sucede con las descripciones vívidas emocionales. Nos encantaría descubrir una herramienta que pudiera infundir una nueva vida a nuestra comunicación y a nuestras relaciones. Pero en las manos equivocadas, como las de Adolfo Hitler, esta herramienta también puede impartir palabras de muerte.

Palabras de vida, palabras de muerte

Los años previos a la Segunda Guerra Mundial encontraron a Alemania en una profunda crisis económica y política. El gobierno electo tuvo que enfrentar un creciente descontento de parte de las clases trabajadoras, debido a los problemas económicos.

En aquel momento de inestabilidad, un hombre vio que era su oportunidad para asumir el poder. Hitler tenía ideas grandiosas, pero necesitaba un punto de apoyo a partir del cual poder reunir seguidores. Su inquieta mente tuvo que encontrar un símbolo que pudiera llevarle a la fama que había soñado durante toda su vida.

Como era un hombre sombrío, propenso a la depresión, no pudo entrar por las puertas del frente del poder político, pero abrió de par en par la puerta de atrás con una descripción vívida, arrastrando a sus compatriotas hacia sí y hacia sus ideas radicales.

El cuadro tergiversado que pintó tenía por protagonistas a los judíos, a quienes describió como "perversos e infames", gente "corrupta" que se había "infiltrado en la tierra del Rin" y le habían robado el poder y la riqueza a los trabajadores alemanes.[2] Las descripciones vívidas que insidiosamente concibió y que usó tan a menudo, se las impartía diariamente a la clase obrera que luchaba por conseguir el pan haciendo largas colas. De esta forma diseminó una ira y un resentimiento infundados entre las multitudes de obreros desempleados o con bajísimos salarios. Estos temores y frustraciones fueron como chispas arrojadas sobre paja seca. Entonces, Hitler avivó las llamas del odio. Escucha una de las tantas malignas denuncias que utilizó para incitar e inflamar a la nación:

La raza judía es un parásito que vive en el cuerpo y en la productividad de nuestra nación . . . Unicamente cuando este virus judío que infecta la vida del pueblo alemán haya sido erradicado, podremos tener la esperanza de establecer una cooperación entre naciones que construya un entendimiento perdurable.

Los judíos se jactan en decir: "¡Trabajadores del mundo, uníos!" *Trabajadores de todas las clases y de todas las naciones, a vosotros os digo, ¡despertad y reconoced a vuestro enemigo común!*[3] (Cursivas añadidas.)

Con este símbolo de odio en su mano, Hitler se rodeó de una creciente legión de seguidores que hicieron callar a todos los líderes políticos o religiosos que se opusieran a él. La sufriente clase obrera alemana se tragó la razón que él les dio por su desgracia económica y social. Y el cuadro corrupto que pintó acerca de los judíos, se convirtió en la víctima propiciatoria de todos los problemas alemanes.

La habilidad que tenía Hitler para influenciar para el mal la mente y el alma de las personas (especialmente de los jóvenes) se debía, en gran parte, a sus habilidades como orador. Lamentablemente, él no ha sido el único que ha transmitido poder negativo a las vidas de los demás. Sus perversos "gemelos" han dañado a las generaciones anteriores y posteriores a él. Tomemos por ejemplo a Jim Jones.

Ecos del mal

¿Alguna vez te has preguntado qué fue lo que dijo Jim Jones que impulsó a cientos de personas a dejar su país natal para unirse en una marcha mortal hacia Guyana?

En los primeros días de su iglesia en Los Angeles, desde su púlpito se oía descripción vívida tras descripción vívida.[4] Las utilizaba como eslabones para encadenar y esclavizar a cientos de hombres y mujeres con sus enseñanzas. Escucha el sermón lleno de símbolos que más tarde se convirtió en una trágica profecía:

En mi mente, estamos en una batalla. Somos una masa de personas, tantos que oscurecemos la salida del sol.

Y esta masa de gente marcha y canta. Hay enemigos que tienen la orden de dispararles. Sus cuerpos se hacen pedazos y vuelan por el aire. Pero la gente sigue avanzando y no se detendrá.[5]

El control que tenía sobre sus seguidores era tan poderoso que más de novecientos de ellos siguieron sus palabras hacia las tinieblas. Y esas personas no fueron las únicas que murieron. Los seguidores de Charles Manson también ocasionaron la muerte de mucha gente. Al igual que Jones, él también condujo a una banda de fanáticos a una muerte en masa. Y él también dominaba el arte de las descripciones vívidas.[6]

Los líderes de las sectas a través de los tiempos han utilizado imágenes mentales o símbolos místicos, tal como la cruz invertida de los satánicos, que son verdaderas descripciones vívidas de sus enseñanzas ocultas. Lo mismo sucede con las sectas contemporáneas, que han adoptado símbolos religiosos tales como la cruz, el arco iris o un oasis para promover sus mentiras disfrazadas de cristianismo.[7]

Los líderes políticos y los líderes de sectas han utilizado desde tiempos antiguos las descripciones vívidas para estrangular la vida física y espiritual de las personas. Trágicamente, existen muchos grupos menos notables que producen exactamente el mismo daño: son hombres y mujeres que practican su arte destructivo en hogares comunes y corrientes dentro de vecindarios comunes y corrientes. Estas personas, emocionalmente lisiadas, destruyen y controlan a sus cónyuges e hijos. Cuanto más leemos acerca de ellas y cuanto más conversamos con ellas y con sus víctimas, más vemos que también dominan el arte de las descripciones vívidas.

Estas son personas que, de muchas maneras, no pueden retribuir el amor con el amor. Y a través de sus palabras, verdaderamente ponen en peligro la salud física, mental, emocional y espiritual de los demás. El padre de Susana es un perfecto ejemplo de este tipo de persona.

Estudio de un individuo cuyas palabras controlaban

Susana creció en un hogar que podría describirse como una pesadilla. Como su ambiente familiar era tan dañino, no es de asombrarse que terminara en un hospital siquiátrico.

Yo (John) la conocí hace tres años cuando me encontraba en la universidad. En aquel momento, había algo en ella que yo no podía comprender. Entonces no me di cuenta, pero en el centro de sus temores había dos descripciones vívidas emocionales. Cada una de ellas era una vívida imagen de crueldad y temor que ayudaron a que se produjera su colapso mental, y que finalmente se sumergiera en las tinieblas.

Teniendo un padre alcohólico, el temor y la inseguridad eran sus constantes compañeros. Su padre tenía un sobrenombre para ella que utilizaba constantemente cuando estaba borracho o enojado: "Niña demonio." Además de ser adicto al alcohol, era adicto a las películas y los libros de terror. Cuanto más se hundía como hombre, más "varonil" se sentía asustando a su sensible e impresionable hija con horribles historias.

La mayoría de las noches, la cruel risa de su padre la seguía por el corredor hasta su dormitorio, donde yacía despierta por horas. Tenía temor de dormirse, pensando que alguna de las horribles cosas que su padre le decía que ella tenía dentro de su cuerpo, decidiera salir. Aun cuando creció y profesó no creer en los demonios, no podía sacarse las cicatrices negativas que aquella descripción vívida había dejado en su autoimagen. Con el paso de los años, a medida que se convertía en una joven, las palabras de su padre quemaron su alma como un ácido. Y entonces una noche, su dolor se multiplicó increíblemente.

Borracho, su padre entró en su habitación y le robó lo poco que le quedaba de inocencia y de niñez. Como si el incesto no fuera suficientemente malo, su padre le dejó por segunda vez una descripción vívida terrible.

Mientras Susana yacía en la cama luchando por contener las lágrimas de vergüenza y dolor, su padre le dijo que si alguna vez le revelaba a cualquier persona lo que había sucedido, una maldición caería sobre ella. Le dijo que le sucederían las cosas más horribles, aunque pasara una semana o un año. Si ella violaba ese secreto, una noche, se despertaría escuchando pasos, y alguien entraría por su ventana y la mataría de la manera más terrible.

Mientras era niña, a Susana nunca se le ocurrió pensar que su padre era un enfermo mental. Y por lo tanto, como lo había hecho muchas otras veces, ahogó esta última dosis de temor y de vergüenza. Pero nunca volvió a cerrar los ojos hasta que todas las mañanas la luz del sol iluminaba cada rincón de su habitación.

Susana hizo todo lo que pudo por seguir adelante con su vida, y trató de que nadie notara su angustia. Externamente, se veía tan tranquila como el mar en calma, pero la procesión iba por dentro. Parecía que no había un lugar donde descansar, o donde esconderse. Al no tener ninguna fuente terrenal de aliento, intentó orar. Pero mientras se encontraba arrodillada al lado de su cama, derramando por primera vez la terrible carga de su corazón, repentinamente se sintió invadida de temor.

Al contarle sus problemas a Dios, ¿no acababa de romper el secreto liberando así la maldición de su padre? ¿Vendría aquel extraño a matarla? Por la noche la atormentaba el pensamiento de que alguien estaba parado junto a su ventana con un cuchillo; durante el día, la atormentaban las palabras "Niña demonio".

Al borde de la locura, finalmente le contó a su madre el terrible secreto que había estado ocultando. Por un momento, se sintió aliviada por haber compartido la horrible carga con otra persona; pero entonces su madre la abofeteó acusándola de mentirosa. Esto la empujó al borde del abismo. Tragó un puñado de píldoras para dormir, buscando refugio en la oscuridad de la muerte.

Sobrevivió a aquel primer intento de suicidio y permaneció en la clínica siquiátrica durante dos meses antes de regresar a su hogar con sus padres. Pero a los seis meses, supe que se había quitado la vida. Susana murió asustada, con más temor del lado oscuro de su padre que de la muerte misma.

Sabemos que la historia de Susana no es algo que suceda en la mayoría de los hogares. Pero es probablemente el ejemplo más gráfico que conocemos del poder destructivo de la lengua. A pesar de que el daño que existe en muchos hogares es menos amenazador, existen severas heridas emocionales y físicas.

Ejemplos cotidianos del lado oscuro de las descripciones vívidas

Conocemos a un vendedor que no puede conservar un trabajo, en gran parte porque no puede superar las palabras de su padre en el pasado. Las escuchó después del primero y último partido de béisbol al que su padre asistió a verlo jugar. Es probable que él haya intentado "motivar" a su hijo para que hiciera lo mejor, pero sus palabras tuvieron un resultado muy diferente.

"Eres un fracaso", le dijo, cuando su hijo había cometido dos errores en el juego. "Eres un jugador de cuarta categoría. No me molestes pidiéndome que deje mi trabajo para venir a verte hasta que no seas un jugador de primera. En realidad, no me molestes en absoluto. *Siempre serás un jugador de cuarta categoría.*"

Por cierto, ésta no fue la única cosa hiriente que su padre le dijo. No perdía oportunidad de proferirle palabras dañinas. Pero esta imagen de ser un "jugador de cuarta categoría", ha permanecido en su mente por años, como lo hacen todas las descripciones vívidas. Y actualmente, este hombre parece no poder ser "de primera" en nada, incluyendo su papel de esposo y padre.

Pero no está solo. Conocemos a una ama de casa cuya madre repetidamente le daba la siguiente descripción vívida:

"Diana, cuando estén bajando mi ataúd a la tumba, te lamentarás por no haber venido a verme más a menudo y contarme cómo les va a ti y a tu esposo. Te lamentarás por haberme descuidado como a un perro."

Cada demanda irrazonable que su madre le hacía, la enfatizaba con esta frase acusadora: "Un día te lamentarás, Diana, cuando bajen mi ataúd a la tumba." Su madre la manipulaba con estas palabras.

Inclusive cuando Diana se ponía firme tratando de defender su posición, sufría períodos de angustia y depresión. Si no corría a la casa de su madre a hacerle algún absurdo mandado, atravesaba días de terrible culpa pensando que no "amaba" a su madre como ella lo merecía.

"¡Eres un holgazán!" "¡Cabeza de alcornoque!" Cada uno de nosotros puede decirles ocasionalmente algo negativo a nuestros hijos o a nuestro cónyuge, palabras que quisiéramos poder borrar.

Tales palabras, dichas en el ardor de una discusión, pueden lastimar y castigar. Pero a través de los años, las palabras más dañinas que hemos visto no necesariamente son aquellas que se lanzan apresuradamente. Más bien, las palabras más dañinas tienen un propósito frío e insensible, y se utilizan para manipular, castigar y controlar.

Pero, ¿cuál es la clase de persona que tiende a utilizar el lado oscuro de las descripciones vívidas, y por qué lo hace?

Antes de expresar lo que sentimos acerca del "porqué", veamos quiénes son aquellos que forman este grupo de personas que no pueden retribuir amor con amor, y que parecen no "escuchar" las descripciones vívidas que les compartimos. Tememos que ésta sea la clase de hombres y mujeres que pueden tomar la herramienta de comunicación que se encuentra en este libro y usarla para destruir emocionalmente a otros.

No pretendemos decir que el siguiente es un cuadro exhaustivo de estas personas, pero constantemente hemos visto aparecer un modelo similar. Si te puede ayudar a determinar el mal uso de las descripciones vívidas, nuestra advertencia habrá logrado su objetivo.

Características de las personas que constantemente usan el lado oscuro de las descripciones vívidas

Al hablar con muchas víctimas de hogares donde reina el dolor, comenzamos a ver un perfil común en las personas que repetidamente comparten heridas en lugar de amor. Aunque una persona así pueda parecer socialmente aceptable a los demás, emocionalmente es mortal vivir con ella.

En resumen, hemos visto cinco características sobresalientes en las personas que tergiversan las descripciones vívidas transformándolas en armas destructivas. Antes de mirar esta lista, permítenos mencionar nuevamente que todos nosotros somos capaces de decir cosas dañinas. Hasta cierto punto, podemos vernos periódicamente en alguna de estas categorías; pero si nos encontramos a nosotros mismos, o encontramos a alguna otra persona, persistentemente practicando estas características como estilo de vida, o si inexorablemente negamos que tengan que ver algo con nosotros, deberíamos ver una bandera de precaución indicándonos que más adelante encontraremos peligro.

Las personas que constantemente utilizan el lado oscuro de las descripciones vívidas están listas para saltar ante tus faltas, pero rechazan toda clase de corrección que les des.

En el corazón de una persona que utiliza las palabras para castigar a otros se encuentra la terrible necesidad de mantener la luz de la corrección brillando sobre la vida de otra persona, en lugar de que brille sobre sí misma. Las personas que tienden a ser más destructivas con sus palabras, son muy rápidas para ver las faltas de los demás, pero tienen la velocidad de una tortuga cuando se trata de aceptar cualquier falta personal o problema en su propia vida.

Estos veloces detectores de faltas ajenas, muy raramente demuestran su talento destructivo con los extraños. Esta habilidad la reservan para usarla con los que viven en su hogar. Como resultado, la imagen casi perfecta que presentan delante de aquellos que pasan por la casa, puede confundir y atormentar a aquellos que viven con él. Entonces sus familiares pueden comenzar a pensar que su hogar es verdaderamente "normal" y que deberían sentirse más felices y seguros.

Tales individuos utilizan las descripciones vívidas como armas para corregir constantemente a alguien, pero nunca los verás utilizarlas para elogiar. Si te atreves a corregirlos, te encontrarás con la furia de una serpiente arrinconada. Porque si ceden un centímetro aceptando alguna de tus descripciones vívidas de corrección, esto abriría la puerta a kilómetros de senderos llenos de suciedad en su vida.

Las personas que constantemente utilizan el lado oscuro de las descripciones vívidas generalmente te hacen sentir terriblemente mal con sus palabras, y tratan de convencerte de que tú tienes la culpa.

Existe algo invariable en las personas que utilizan mal las descripciones vívidas. De alguna manera poseen la habilidad de usar palabras hirientes y luego se disculpan sin dejar ninguna evidencia por la cual se les pudiera recriminar.

Por ejemplo, tomemos el caso del hombre cuyo padre lo llamó persona "de cuarta categoría". Nosotros lo confrontamos con su persistente descripción vívida negativa, y él nos explicó que esto había sido un factor positivo de motivación en la vida de su hijo.

"Años atrás, el mejor entrenador que tuve me dijo exactamente lo mismo. Me dijo que nunca sería otra cosa que un jugador de cuarta categoría, y me esforcé y le hice ver que estaba equivocado. Eso es todo lo que deseo para mi hijo. Yo sé que él puede hacerlo. ¡Deseo que finalmente le pruebe a su familia y a sus amigos que es un éxito!"

Esto suena muy bien. Pero no suena tan bien si examinas sus palabras. Aunque el barniz lo haga aparecer como un fino roble, sus raíces están tan podridas como la madera que ha flotado mucho tiempo en el agua. De alguna manera, mientras comunicaba sus discursos de "cuarta categoría" a lo largo de los años, éstos no llevaron el significado altruista que él pretendía. En cambio, sus palabras hicieron una incisión tan rápida y certera, que su hijo se quedó preguntándose por qué tenía tantas cicatrices emocionales.

Su inútil explicación hizo que su hijo se odiara a sí mismo por ser tan sensible, cuando todo lo que su padre trataba de hacer era ayudarlo. Este pobre hijo "de cuarta categoría" nunca vio el fuego que había detrás de las palabras de su padre, pero muchas veces, las columnas de humo le irritaban los ojos. Este padre no solamente se negaba a ver el error en su propio comportamiento, sino que era un experto en herir a su hijo, haciéndole pensar que él era quien tenía la culpa.

Las personas que utilizan mal las descripciones vívidas generalmente hacen esto para lograr una buena cosa de manera mala. Pero como siempre tienen en mente "lo mejor" para esa otra persona, se excusan por las heridas emocionales que dejan en sus víctimas.

Las personas que constantemente utilizan el lado oscuro de las descripciones vívidas generalmente cubren tres problemas personales con palabras oscuras.

En el corazón de toda adicción, ya sea al sexo, al alcohol, a las drogas o a las palabras hirientes, existen tres problemas personales.[8] Estos son, el temor, la ira y la soledad. Es muy difícil lograr que una persona destructiva venga a pedir consejo. Después de todo, a estos individuos les parece que no lo necesitan.

Las personas que son adictas a herir a otros, son hombres y mujeres que tienen tantos problemas personales que se sienten incómodos en el afecto de una relación íntima. Al igual que un prisionero que ha estado durante meses en una mazmorra sin ver la luz del sol, estas personas permanecen en tinieblas. Están más familiarizadas con las palabras de la oscuridad que con las palabras de la luz, las cuales les hacen sentir fuera de lugar.

Los individuos que están llenos de imágenes de temor, ira y soledad, son los primeros candidatos a utilizar mal las descripciones vívidas. Con sus palabras, vuelven a crear para los demás su propio mundo de tinieblas.

Las personas que constantemente utilizan el lado oscuro de las descripciones vívidas generalmente carecen de la capacidad de identificarse con los demás y alentarlos.

Aquella madre que constantemente utilizaba la culpa para motivar a su hija, poseía otra característica que es común a las personas que utilizan mal las descripciones vívidas. Demandaba comprensión y aliento constantes de su hija, pero ella no era capaz de dárselos a su hija.

Ella deseaba que satisficieran sus necesidades ¡ahora! Pero ni una sola vez pudo ver el serio problema que estaba ocasionando en el matrimonio de su hija, que tenía que dejar todo para salir corriendo a satisfacer una necesidad absurda. Estas necesidades incluían un litro más de leche justo antes que su hija se fuera de la ciudad por el fin de semana. ("Después de todo, se acerca el fin de semana, y tú sabes que yo no puedo salir sola a hacer compras, y todos parecen estar tan ocupados, y tú no estarás aquí durante varios días, y . . . .")

Cuídate de aquellos que quieren que les tengas lástima, pero que nunca pueden ver la necesidad de aliento y consuelo que tienes tú. Como sucedía con aquella madre, ellos pueden tomar una descripción vívida y utilizarla para controlar, manipular y esclavizar.

Las personas que constantemente utilizan el lado oscuro de las descripciones vívidas generalmente no respetan los límites legítimos alrededor de tu vida.

Como toda persona que comete incesto, el padre de Susana pasó por alto los límites saludables que deben existir entre padres e hijos. No solamente entraba en la habitación de su hija sin pedir permiso e interrumpía sus conversaciones en cualquier momento, sino que tampoco respetó los límites de su hija como persona.

Este padre es un ejemplo dramático (aunque lamentablemente no es tan infrecuente) de aquellos que destruyen las barreras de protección. Estas personas generalmente utilizan descripciones vívidas para borrar toda barrera que pueda impedirles pisotear a otra persona.

La madre de Diana destruiría el matrimonio de su hija porque éste representaba una barrera entre ella y la satisfacción de sus mezquinas necesidades. Y el padre de Susana ni siquiera permitió que existiera la barrera natural de la protección sexual.

Si sientes que una descripción vívida te hiere, el golpe generalmente es asestado por una persona que desea destruir algún límite existente entre tú y ella, sin importar cuán saludable sea.

Estas cinco características son las maneras más comunes y más destructivas que conocemos de utilizar mal las descripciones vívidas. Por favor, permite que sean una advertencia, porque el daño que es posible causar puede ser para toda la vida.

Una gran preocupación que tenemos es que las personas tomen esta lista y salgan a buscar "culpables". Por cierto que ésa no es nuestra intención. Todos nosotros tenemos la tendencia a alentar a nuestros semejantes menos de lo que debiéramos, asimismo a estar menos abiertos a la corrección y ser menos sensibles de lo que debiéramos. Sin embargo, si una persona tiende a actuar de esta manera en forma constante, no esperes lograr demasiado al confrontarla. Más bien espera que ella use el poder de las descripciones vívidas en contra de ti. Y prepárate a esperar que busque ejercer un control nocivo sobre tu vida y la vida de los demás.

Después de la oscuridad amanece un nuevo día

En la sociedad en que vivimos, llegará el momento en que nos encontraremos con gente malvada. Si este capítulo logra advertirte acerca del poder negativo de sus palabras y de sus descripciones vívidas, entonces habremos logrado nuestro objetivo. Si lo único que logra es atemorizarte para usar descripciones vívidas, entonces, hemos errado al blanco.

En los excelentes cuentos para niños de C. S. Lewis titulados *The Chronicles of Narnia,* su personaje principal es un magnífico león llamado Aslan. En una de las historias, este poderoso león se hace amigo de varios niños.

Dos de ellos ya se han topado con Aslan, pero la tercera niña tiene temor de los resultados:

"¿Es inofensivo?", preguntó Susana. "Por supuesto que no es inofensivo, pero es bueno", dijo el señor Beaver.[9]

Esto es lo que sentimos con respecto a las descripciones vívidas. La historia y la experiencia nos han mostrado que son demasiado poderosas para ser mansas o inofensivas; pero se pueden utilizar para bien.

No deseamos cerrar este libro con una nota negativa. Y no lo haremos, porque de nuestras palabras y de nuestras descripciones vívidas puede salir afecto, amor y vida. En el siguiente capítulo te presentamos más de cien descripciones vívidas de las más poderosas que hemos oído. Puedes utilizarlas con tu familia, en tu trabajo, con tus amistades . . . o para estimular tu creatividad para que hagas tu propia descripción vívida.

UN TESORO DE DESCRIPCIONES VIVIDAS AL ALCANCE DE TU MANO

16

101 descripciones vívidas que han sido usadas con excelentes resultados

La elaboración de este libro nos ha proporcionado un gozo especial. En gran parte porque ha significado sentarse, con una taza de café, con varias parejas, o permanecer largo rato después de una conferencia para conversar con alguna persona. En muchos encuentros personales y a través de las cartas, las personas nos han expresado que las descripciones vívidas realmente han hecho una gran diferencia en sus vidas.

Nos gustaría poder incluir las miles de diferentes descripciones vívidas que hemos tenido la dicha de escuchar a través de los años. Forman una colección de dicha irreprensible y de inconsolable tristeza. Son las palabras de un padre anciano que les escribe una "bendición" a cada uno de sus hijos, y el dolor que expresa una abuela que estaba demasiado ocupada cuando sus propios hijos eran pequeños. Son las palabras que un esposo, por primera vez, pudo expresar para elogiar a su esposa, y de una esposa que podría haber escrito un libro acerca de dar ánimo.

También hemos recopilado cientos de descripciones vívidas que han surgido cuando realizábamos negocios, en las reuniones familiares, con las amistades y referentes a la vida espiritual, que pueden desafiar a cualquier persona para que piense profundamente en sus relaciones. Al leer una descripción vívida, se nos han llenado los ojos de lágrimas, y al leer otra hemos estallado de risa. Ellas nos muestran las cualidades más delicadas del carácter humano y también su fragilidad.

Esperamos que hayas disfrutado del aprendizaje de este concepto cotidiano que posee una extraordinaria capacidad para cambiar vidas, y que te sientas más animado por los ejemplos de descripciones vívidas que hemos seleccionado y presentamos en las siguientes páginas.

Al concluir este libro, te decimos que esperamos tener noticias de ti acerca de alguna descripción vívida que haya marcado una diferencia positiva en tu vida. Has recibido una poderosa herramienta, y nos gustaría mucho saber cómo la has utilizado para bien. Deseamos despedirnos de ti con una descripción vívida. Representa nuestros deseos más profundos y nuestra esperanza de que este concepto enriquezca tu vida y tus relaciones más importantes:

Al igual que el mejor manzano, deseamos que todas tus relaciones crezcan, prosperen y den mucho fruto. Que puedas permanecer plantado junto a corrientes de agua viva, y que tus capullos despidan una fragancia de amor y de aliento para los demás. Que Dios te proteja de las tormentas, y que te guarde para siempre en su luz.

Gary Smalley   John Trent

Today's Family
P.O. Box 22111
Phoenix, AZ 85028

Expresando las alegrías y las luchas del matrimonio

Las alegrías

1. Mi esposo me trata como si fuera una habitación llena de objetos de gran valor. El entra, me toma en sus brazos y me sostiene con gran cuidado y ternura. Siempre siento que soy lo más

precioso de nuestro hogar. El dedica sus mejores horas y sus mejores esfuerzos para mí, no para la televisión.

2. Debido a la clase de trabajo que tengo, siempre me siento como caminando en un desierto en un caluroso día de verano. Después de luchar con el calor y con los cactos durante todo el día, llego al final de un camino en donde encuentro una hermosa laguna de agua fresca. Por fin puedo estar en un lugar donde puedo beber y refrescarme. Eso es lo que representa para mí estar con mi esposa. Después de cuarenta y cuatro años de matrimonio, todavía siento que estar con ella es como llegar a un oasis.

3. Soy como un barco con las velas pintadas de colores brillantes, que navega en el mar Caribe bajo la cálida y suave brisa del amor de mi esposo. A lo largo de toda mi niñez, me obligaron a viajar en un barco inseguro transitando el Atlántico Norte. Muchísimas veces estuve a punto de naufragar, pero con el amor de mi esposo, siento que he cambiado de barco y que he navegado alrededor del mundo. En lugar de las feroces tempestades del Atlántico, siento como si siempre hubiera una brisa cálida que me guía hacia un puerto seguro.

4. Me siento como una semilla que fue arrojada a un montón de piedras. Nunca tuve la cantidad necesaria de luz ni la tierra apropiada, por lo tanto crecí convirtiéndome en un roble inclinado y torcido. Pero en nueve años de matrimonio, siento que has hecho lo imposible; me has trasplantado a un lugar donde da el sol y donde por fin puedo crecer y enderezarme.

5. A través de los años ha habido momentos en los que he tenido que hacer frente a fuertes granizadas que parecían convertirse en tornados. Pero como los refugios que se han construido para protegerse de las tormentas, yo siempre puedo acudir a mi esposo para que él me proteja del naufragio. El es tan sólido como una roca, y sé que siempre estará allí cuando las nubes de tormenta soplen en mi vida.

6. Siento como si los niños y yo fuésemos un valioso terreno de tierra fértil, que pronto sería invadido por las malezas y los espinos, si no recibiera el cuidado necesario. Afortunadamente, mi esposa es como una experta jardinera, y todos los días, de muchas maneras distintas, me cuida con mucho amor. Gracias a sus habilidades para plantar y hacer crecer una relación íntima, tenemos un jardín que es la envidia de todos los vecinos.

7. Amo a mi esposo porque él siempre se asegura de que yo sepa que soy la persona más importante en su vida. El me recuerda a un hermoso perro perdiguero. Su pelaje color ámbar resplandece cuando corretea por los prados cerca de mi casa. Sé que hay otras perras en los prados, mucho más bonitas que yo; pero él siempre las pasa por alto y vuelve a mí. Sus suaves ojos café me dicen cada noche: "No hay nadie como tú."

8. Cuando cumplí treinta años comencé a sentirme insegura. Entonces mi esposo me dio exactamente la descripción vívida que yo necesitaba. Cuando me encontró dudando y temiendo que me dejaría por otra mujer, me dijo: "Mi amor, cuando tienes en tu casa un brillante Cadillac convertible último modelo, no deseas salir a buscar un Volkswagen."

9. Para mí, la vida es algunas veces como practicar esquí acuático. Inesperadamente la cuerda da un tirón y me caigo. Lo intento otra vez, sólo para terminar una vez más en el agua, temblando, exhausto y solitario. Justo cuando estoy por desistir, mi esposa, amorosamente, viene a toda velocidad hacia mí. En un instante arroja un salvavidas y me saca de las frías aguas. Con ella, me siento cálido, seguro y amado. ¡Mi maravillosa esposa me ha rescatado otra vez!

10. Antes de perder mi pierna en un accidente, me sentía como cualquier otra manzana en el cajón. Pero por largo tiempo después de la cirugía, me sentía como una manzana podrida por dentro y por fuera, totalmente carente de valor para cualquier persona. Sin embargo, mi esposa nunca me vio así. Ella sabe que por fuera no me veo como el resto de la gente, pero que internamente no he cambiado. Para ella soy único y estoy completo.

11. El amor de mi esposa es como un gran vaso de limonada helada en un caluroso día de verano. Es refrescante y su frescura restaura mis fuerzas, y apaga la sed de mi alma seca y llena de polvo.

12. Mi esposa y yo somos como un equipo campeón de béisbol. Yo puedo batear algunos tiros buenos, y algunas veces bateo la pelota sobre la cerca. Pero si no fuera por la perseverancia de mi esposa, nunca podríamos salir campeones.

13. Cuando te conocí, sentí una corriente eléctrica diez veces mayor que la que sentí cuando el primer cliente puso los pies en mi negocio. Hemos estado casados durante ocho años, y tengo

muchos clientes que ocupan parte de mi tiempo. Pero el tiempo que paso contigo sigue siendo la cita más importante de mi horario diario.

14. Me siento como una zorrita feliz que correteaba cierto día por los bosques cuando conoció a un apuesto zorro. Nos enamoramos, y él se ha convertido en mi compañero más cercano. A pesar de las heridas ocasionales que le provocan los cazadores y los animales más grandes, él siempre me protege. Aunque deba luchar por mí, él siempre asume la responsabilidad. En unos pocos meses más, tendremos nuestro cachorrito. Mi oración es que este zorrito o zorrita ame a su padre tanto como lo amo yo.

15. Los problemas de la vida algunas veces me hacen sentir como el capitán de un barco que se está hundiendo. Muchas veces, cuanto más cercano está el naufragio, las personas que me rodean se apresuran a saltar por la borda dejándome solo para hacerme cargo del navío. Doy gracias a Dios por tener como principal ayudante a alguien que permanece a mi lado pase lo que pase. Si no fuera por ella y por la suave fortaleza que utiliza para animarme, yo ya me hubiera dado por vencido y hubiera saltado por la borda hace mucho tiempo.

16. Cuando regreso a casa del trabajo, muchas veces me siento como un piloto de guerra cuyo avión ha sido acribillado a balazos. ¡Es tan bueno volver al hogar junto a mi esposa! Al igual que un abnegado miembro del personal de tierra, ella trabaja muchas horas para ayudarme a recuperar las fuerzas, y me alista para volver a la batalla. No podría hacerlo sin ella.

Las luchas

17. Algunas veces me siento como nuestra pequeña perrita lanuda. En algún tiempo fue el objeto de nuestro más profundo afecto, pero ahora la hacemos a un lado. Continuamente busca que le demostremos cariño, pero no lo consigue. Si tan sólo pudiera sentarse cerca de nosotros se sentiría feliz, pero por lo general la enviamos a otra habitación. Continuamente me encuentro buscando el amor de mi esposo, pero él me hace a un lado. Desearía que me brindase un poco de atención o tal vez alguna caricia ocasional.

18. Cuando recién me casé, me sentía como un hermoso libro con tapas de cuero y ribetes dorados que le habían obsequiado a mi esposo como un regalo de Dios. En un principio me recibió con

gran entusiasmo; yo era algo muy preciado para él, hablaba de mí a los demás, y me trataba con mucho cuidado. Pero según han ido pasando los años, me ha puesto en un estante de la biblioteca para juntar polvo. De tanto en tanto se acuerda de que estoy aquí. ¡Si tan sólo me sacara del estante y me abriera! ¡Si tan sólo viera cuánto más tengo para ofrecerle!

19. Me siento como el amado perrito de un niño. Durante siete meses del año me cuida maravillosamente. Jugamos, hacemos largas caminatas juntos, y nos demostramos afecto. Pero cuando comienza la temporada del béisbol, me abandona para jugar con sus amigos. Algunas veces se olvida de alimentarme y casi nunca tiene tiempo para mí. Se encuentra tan ocupado que me da justo la cantidad de alimento, de agua y de atención como para hacerme desear más. Mi pelaje ya no brilla y no camino dando saltitos. Sueño pensando cuán maravilloso sería tenerlo de vuelta conmigo. Espero poder esperar que regrese.

20. Sé que puedo ser una vibrante llama de entusiasmo, pero mi esposa generalmente me tira un balde de agua encima con sus palabras. Si tan sólo ella inflamara el fuego con algunas palabras de aliento o con un tierno abrazo cuando regreso a casa del trabajo, yo podría brillar con la misma intensidad de siempre.

Expresando las alegrías y los desafíos de criar hijos

Las alegrías

21. Cuando miro a mis hijas y veo lo bien que se desenvuelven en la vida, el orgullo me invade cubriéndome como lo hace la nieve sobre los hermosos montes. Me siento como si estuviera en lo más alto del mundo. Mis hijas se han ido y la mayor parte del tiempo esas montañas están bastante lejos. Sin embargo, aun a la distancia, cuando las miro me siento lleno de asombro y gratitud.

22. El nacimiento de mi hija fue una experiencia en la cual sentí como si Dios me condujera a una hermosa playa de arena y me mostrara un océano lleno de bendiciones futuras que mi hija traería. Todo ha sido demasiado maravilloso como para comprenderlo, demasiado hermoso para creerlo.

23. Mis hijos son como las estrellas brillando en el cielo de un desierto. Cada uno de ellos posee un brillo particular y tiene un lugar único en la creación. Como esas estrellas, mis hijos resplande-

cen cada uno a su manera y están llenos de amor por los demás. Confío en que durante toda su vida brillen con el mismo amor que ahora puedo ver.

24. Cuando mis hijos hacen un esfuerzo para llamarme por teléfono o para venir a visitarme, es como recibir un regalo inesperado. Es lógico esperar un regalo para la Navidad, pero casi todas las semanas recibo una tarjeta, un llamado o la visita de alguno de mis hijos. Es como recibir regalos de Navidad durante todo el año.

25. Me siento como un águila que alimenta cuidadosamente y protege a sus polluelos. Con ojo avisor y agudos sentidos, recojo la comida y vigilo cuidadosamente que los animales de rapiña no se acerquen a ellos. Es verdad, a veces me siento cansada, sin embargo, nunca antes me he sentido más útil e importante. Amo las demandas que implica amarlos y cuidarlos.

26. Cuando regreso a casa después de un día atareado, muchas veces me siento como una mujer extraviada en un desierto. Exhausta y sedienta anhelo un oasis tranquilo y fresco. Mi esposo y mi hijo me ofrecen ese lugar de descanso que tanto necesito, mediante su agradable compañía y su disposición de ayudarme con las tareas de la casa. Siento que tengo dos ángeles que me alientan amorosamente y que son mis buenos amigos y ayudantes.

27. Amo a mi familia. Cuando la vida me hace sentir como si estuviera tratando de sacar el agua de un transatlántico que se hunde con una taza, ellos vienen a ayudarme. Eso no hace que se detenga la cantidad de agua que entra en mi barco, pero con toda seguridad me ayuda a evacuarla más rápidamente. ¡No puedo entender cómo alguna vez pude vivir sin ellos!

28. Mi familia es como un suave sillón reclinable, que posee todos los accesorios que el fabricante puede ofrecer. Sus palabras son cálidas y suaves como un elemento que brinda calor; sus abrazos son como masajes que alivian los dolores de la vida. Cuando ellos están a mi alrededor, puedo reclinarme sin caer al suelo. Después de pasar algún tiempo en ese sillón, obtengo el descanso y el amoroso apoyo para seguir adelante. Mi familia es como un suave almohadón de amor.

29. Debido al constante apoyo que me brindan mis hijos, me siento como un hermoso y bien cuidado caballo de exposición. Mi pelaje brilla y mis crines danzan mientras galopo. Muchas veces

salgo a correr con otros caballos de exposición, y muchos de ellos sienten que sus hijos los tratan mal y abusan de ellos. Estoy tan agradecido por los hijos que tengo, y por la forma en que reflejan aun más amor del que yo les doy a ellos.

Los desafíos

30. Durante años, mientras mi hijo era pequeño, mi vida era como pasar un momento maravilloso en las tranquilas aguas de una playa cercana. Pero últimamente, siento como si una tormenta hubiera hecho que las olas golpeen contra la arena con tremenda furia. He estado buscando desesperadamente un lugar sereno donde nadar, pero si no tengo cuidado, cualquier tema que comparto con él, o cualquier cosa que digo, hace que las olas me golpeen y me arrastren mar adentro. Me siento tan confundida. Desearía que la tormenta acabara y que pudiéramos volver a las tranquilas aguas de la amistad y del respeto de antes.

31. Cuando comienza un día difícil en mi trabajo, me siento como si estuviera construyendo una pirámide de fichas de dominó. En las primeras horas del día puedo elaborar una base segura y comenzar a construir. A medida que el día progresa, la pirámide se hace más alta y más difícil de construir. Sin embargo, puedo mantenerla para que no se derrumbe. Finalmente, termino el día sin haber volteado ni una ficha. Pero en el momento en que llego a casa, un pequeño problema con mis hijos parece derrumbar toda la pirámide. Me avergüenza admitirlo, pero cuando veo que mi día se derrumba, siento deseos de no haber regresado a mi hogar.

32. Me siento como si fuera un libro de los de la biblioteca de la oficina de mi padre. Siempre se nos admira, pero casi nunca se nos lee. Ocasionalmente nos usan como pisapapeles, o para mantener abierta una puerta. Pero día tras día permanezco casi todo el tiempo en el estante, mientras mis páginas se van poniendo amarillentas y la cubierta comienza a doblarse. Necesito que mi padre haga algo más que simplemente admirarme a la distancia. Necesito que me baje del estante y que vea lo que hay dentro de mí. Nunca se ha tomado el tiempo para "dar vuelta" las páginas y en realidad conocerme. Y eso me duele mucho.

33. Algunas veces me siento como un osito de peluche. Mi familia me abraza, me dicen que me aman y siempre comentan cuánto les divierte apretarme (estoy un poquito excedida de peso).

Me encanta que me abracen, pero no sé por qué me cuesta expresarles mi amor con palabras. Me criaron con muchas críticas. Tal vez sea mi personalidad o las presiones en el trabajo lo que hace que me resulte difícil decirles que les amo. Probablemente sea tiempo de introducir algunos cambios.

34. Me siento como un oso que debía haber comenzado a invernar hace un mes. Bostezo mientras me invade la somnolencia. Deseo entrar en una hermosa y cálida caverna y dormir por el resto de la estación. Pero no puedo hacerlo porque mis ositos recién nacidos no están listos para invernar, y yo debo cuidarlos. ¡Si tan sólo se acostaran e invernaran durante una semana, o durante unas pocas horas, para que yo pudiera descansar!

Cómo expresarle a alguien mis sentimientos hoy

Me siento muy bien

35. Hoy me siento como un sendero que parece enderezarse. La brillante luz del sol me ilumina, haciendo que el sendero sea claro y fácil de seguir. Existe una definición y una dirección en el sendero como no ha habido durante años, y hay muy pocos escollos que vencer.

36. Me siento como un árbol que extiende sus ramas hacia todas las direcciones; algunas veces sin control, otras con gracia y elegancia. A pesar de que mis ramas a veces se comban, están llenas de un denso follaje brillante. He aprendido a regocijarme aun cuando tengan que podar mis ramas. He descubierto que aunque sea doloroso, Dios siempre es un jardinero tierno y compasivo. No me poda porque se le antoja hacerlo, sino que lo hace para que yo pueda crecer y ver cuánto más puedo contar con él en cualquier situación. ¡Me siento entusiasmada al ver que mis raíces de la fe se profundizan cada vez más!

37. Me siento como un árbol verde que va progresando a través de las estaciones. El invierno algunas veces trae consigo personas frías y ásperas que me hieren. Pero la primavera siempre retorna, y con ella vuelven las hojas verdes. ¡Sigo creciendo!

38. Ultimamente en el trabajo me siento como un brillante y decorado árbol de Navidad que obtiene los elogios y los comentarios alentadores del día de la Navidad. ¡Valió la pena adelgazar los veinte kilos de exceso de peso, aunque me costó mucho trabajo!

39. Yo solía sentirme como una vieja y valiosa silla a la cual arreglaron y pintaron numerosas veces, y luego la abandonaron en un garaje. Pero de manera maravillosa, Dios ha quitado la pintura vieja, me ha pulido y me ha puesto en un lugar especial en su sala. ¡El me ha dado vida nuevamente!

40. Me siento como un salmón luchando por subir río arriba, y tomando algún descanso ocasional en un calmo remanso de amigos. Estas aguas siempre me refrescan para continuar con la siguiente parte del viaje en la corriente de la vida. Teniendo estos remansos de amigos en la trayectoria, sé que puedo continuar nadando todo el tiempo que sea necesario.

41. Me siento como si viviera en el campo durante la primavera. El aire es fresco, los capullos están floreciendo, los pájaros cantan, ¡y me siento muy bien!

42. Me siento como un gusano de seda imposibilitado, herido y lastimado por el dolor de la vida, pero finalmente me han envuelto en un capullo de amor sanador. Estoy en condiciones de decir que están comenzando a aparecer las alas de una mariposa. Pronto estaré sana y seré más hermosa que nunca. ¡Casi no puedo esperar hasta que eso suceda!

43. Me siento como si fuera un automóvil. Básicamente soy un buen modelo pero realmente no tengo muchas cosas adicionales. Sé que algunos automóviles son más lujosos, pero yo no necesito el lujo. Estoy bien construido y funciono bien, ¡y es maravilloso saber que soy único!

44. Me siento como un hermoso automóvil antiguo que necesitaba reparación. Un mecánico experto ha estado trabajando para rectificar los problemas. A pesar de que la mayoría de los trabajos han sido dolorosos, puedo afirmar que el automóvil ya marcha mejor. Los cambios nunca son fáciles, pero siento que el tiempo de asesoramiento que he recibido me ha ayudado a reconstruir "el motor" y ahora puedo marchar de nuevo por los caminos.

45. Esta conferencia me ha hecho sentir como un barril vacío que ahora está lleno de agua cristalina después de la tan necesitada lluvia primaveral. Muchas personas a mi alrededor necesitan esta agua para refrescarse, ¡y ahora por fin, yo estoy listo para dár.sela!

46. Al reflexionar en este día en el que cumplo setenta años, veo que el viaje a través de la vida ha sido como un viaje a una

tierra lejana. Ha tenido muchas cosas buenas y otras inciertas que me han asustado un poco, pero que nunca me han aburrido. En este viaje, he conocido a muchas personas interesantes y he visto la fidelidad de Dios manifestada de maneras que jamás hubiera pensado. ¡Mi vida ha sido muy buena!

47. Acabo de ver un asombroso milagro en la vida de mi padre. Durante muchos años, él estuvo demasiado ocupado como para dedicarles tiempo a sus hijos o a sus nietos. Pero ahora, todo ha cambiado. Cada vez que lo veo con uno de mis hijos en brazos, me siento como si estuviera en la Montaña Espacial en Disneylandia. Me da un poco de temor, pero es tan emocionante que espero que la vuelta no tenga fin.

48. Me siento como un hermoso y fuerte caballo percherón. Desde que nací, me han cuidado y alimentado con todo esmero, y ahora ya estoy lo suficientemente crecido como para hacerle frente a los cambios de la vida. Sé que mis padres me han equipado para que pueda llevar las pesadas cargas que encontraré en la universidad, y sé que estoy preparado para ello.

49. Nací con un impedimento físico, y cuando las personas expresan sus dudas acerca de mi capacidad para hacer algo, me siento como un abejorro. Me miran y me dicen: "Desde el punto de vista de la aerodinámica, ¡no hay posibilidad de que puedas volar!" Pero mis padres me miran y me dicen: "En la forma en que estás hecho, ¡no puedes dejar de volar!" ¡Desde entonces he estado revoloteando!

50. Me siento como si fuera una preciosa cabaña de troncos situada en el corazón de un bosque que se encuentra cubierto por una alfombra de blanca nieve. Un arroyo borbotea suavemente mientras corre a través del bosque, guiado por los delicados rayos de plata de la luna, que resplandece en un cielo invernal iluminado por las estrellas. Un cálido fuego arde en mi interior, elevando una columna de humo en medio de la quietud de la noche. Estoy satisfecha y en paz con todo lo que me rodea.

51. Tuve una maestra muy especial que me ayudó para dejar de ser un patito feo y convertirme en un elegante cisne. Ella vio en mí un potencial que yo no sabía que estaba allí, y pacientemente me animó cuando todos los demás se habían dado por vencidos. Ahora puedo nadar en las aguas de la vida sin temor. Gracias a ella, nunca he perdido lo que logré entonces aunque a veces las aguas estén turbulentas.

52. Hoy me siento como una salida de sol. Mientras me asomo por el horizonte y baño la tierra con mi luz, me siento ansioso por saber lo que traerá este día. Mientras recorro los cielos, la vida explota en una ferviente actividad, y yo sigo resplandeciendo pensando en el desafío que tengo por delante. Por las noches me siento tan cansado que permito que la luna se haga cargo para que yo pueda dormir un rato.

53. Me siento como un claro y tranquilo lago que refleja la gloria de la mañana. A mi alrededor, la vida continúa. Cientos de pájaros salen de sus nidos, llamándose los unos a los otros para iniciar un nuevo vuelo. Un castor comienza su atareado día de trabajo, preparándose para el invierno que vendrá. Y una cervatilla, con su delicada cría, se inclina suavemente para beber de mis refrescantes aguas. Toda mi vida he estado demasiado ocupada como para disfrutar de cualquiera de estas cosas hermosas que me rodean. Finalmente, me encuentro en paz conmigo misma y puedo disfrutar de la belleza de la vida.

54. Me siento como el muchacho que hace el anuncio de las rosquillas. Al trabajar y tener que criar a tres niños, siempre es "el momento de hacer las rosquillas". Pero sin embargo, no hay nada más dulce que lo que hago.

55. Acabo de regresar de las vacaciones, y en lugar de sentirme como un caballo que debe arrastrar un carro, me siento como un avión de propulsión a chorro (como los de la película *Top Gun*). Mis motores trabajan al máximo, y me encuentro ascendiendo a nuevas alturas y nuevos desafíos. Mientras viajo rápidamente por encima de las nubes, la vida repentinamente parece más sencilla y la visión es más clara. Puedo ver cientos de kilómetros. Después de tan sólo dos semanas de vacaciones, me siento como si estuviera por encima de aquellas cosas que parecían invencibles cuando me encontraba clavado a la tierra, tirando de un carro. ¡Creo que me he convencido a mí mismo de que necesito tomarme más tiempo libre!

Estoy luchando

56. Me siento como si fuera un hámster que se encuentra en medio de muchas colinas y oscuros agujeros, cansado de tomar caminos equivocados que no conducen a nada. Tengo temor de que nunca podré salir a la luz. Algunas veces las personas miran hacia

abajo para ver lo que estoy haciendo. Algunos me alientan, otros se burlan de mis intentos. Muchas veces hago piruetas tratando de divertirlos, pero siempre tengo temor de que me rechacen. Y nunca me siento parte del grupo.

57. Siento que mi vida es tan aburrida como un videocasete al cual se lo rebobina constantemente, volviendo a ver las mismas cosas una y otra vez. En momentos como éstos, desearía adelantar el casete velozmente hasta llegar al final para poner un casete con un nuevo trabajo, una nueva casa, un nuevo automóvil.

58. Un día, me siento como si estuviera sola en una ruta desierta, en la cual no hay nada a la vista. Al día siguiente, me encuentro en un hermoso camino bordeado de árboles, flores y césped. El sol brilla, y ¡todo es tan hermoso! Me encuentro dividida entre estos dos sentimientos: a veces me siento satisfecha de estar soltera, pero otras veces desearía casarme. Algunas veces, realmente me siento satisfecha, y disfruto de mi vida de soltera. Pero al día siguiente, parecería que me encuentro en un interminable desierto sin la esperanza de que nadie venga a rescatarme.

59. Como soltera, muchas veces siento que estoy afuera de una acogedora casa que está llena de amigas casadas que ríen y disfrutan de la compañía de sus cónyuges. Siento frío y soledad. No es que no me dejan entrar, sino que he sido yo quien ha cerrado la puerta con llave.

Cómo decirles a otras personas lo mucho que significan para mí

60. Cuando regreso al hogar junto a ti, después de un viaje, es como manejar tranquilamente por el campo después de haber manejado un taxi en la ciudad de Nueva York durante una semana. Nadie me apura ni me grita. No hay luces rojas que me produzcan frustración, ni conductores alocados que se interpongan en mi camino. Regresar a casa es como manejar en un camino rural donde las personas me saludan con la mano porque me aman y están felices de verme.

61. Casarme contigo fue como salir en libertad de la prisión de la soledad. Durante treinta y seis años estuve solo. Ahora paso cada noche en un jardín de amor, y la persona que amo se encuentra durmiendo a mi lado.

62. Tú eres tan hermosa y delicada para mí, como la pieza más costosa de cristal de Murano. Cuando te miro es como si mirara

una obra de arte, trabajada habilidosamente por maestros. Cada una de tus facetas es única y perfecta a su manera. Resplandeces en un arco iris de luz, y cada día obtengo un nuevo reflejo del por qué te amo tanto.

63. Estar contigo es tan satisfactorio como la primera y única vez que recibí una ovación de un grupo de estudiantes. Como profesor, trabajo mucho y muy pocas veces recibo elogios. Pero cuando aquella clase me mostró su genuino aprecio, poniéndose de pie y aplaudiéndome, todo el trabajo y las largas horas parecieron tener valor. Querida, tu aliento y tus palabras amorosas me hacen sentir como si llegara a casa para recibir una ovación. Aun cuando no haya hecho las cosas como debía, y no lo merezca, tú me apoyas como la mejor clase que jamás haya tenido.

64. Tu amor para mí es lo que ir a McDonald's es para los niños, ¡especialmente cuando pueden pedir todos los batidos de chocolate y las papas fritas que puedan comer!

65. Tu espíritu tranquilo y suave es como una delicada flor hermosa. Algunas veces, me siento frustrado cuando no te abres y compartes tus sentimientos conmigo, pero he aprendido que si tengo paciencia y espero hasta que estés lista, florecerás y compartirás tus cosas de una hermosa manera.

66. Mi matrimonio se parece mucho a un viaje en balsa. Algunas veces dirijo la balsa a una parte desconocida del río, entonces nos damos vuelta y todo se moja. Pero nunca te veo quejándote. Sé que tengo la tendencia de adoptar una nueva idea sin consultar el mapa, pero tú nunca me lo pones delante de la nariz. Tú eres una bendición para mí.

67. A pesar de que soy igual a un millón de mujeres, cuando estoy contigo me siento como si fuera un cuadro muy valioso que cuelga en un lugar de honor dentro de una mansión. Soy el objeto de tu total atención y causo la admiración de todos los que entran en la sala. Esto es así porque tú me tratas como si fuera una obra de arte de valor incalculable.

68. Tu amor, tan sólido y perdurable, es como una montaña que se eleva por encima de las planicies. Siempre puedo mirar hacia esa montaña y recibir consuelo por su presencia, y saber que siempre estará allí. Su belleza me conmueve. ¡Y es un monumento a mi amor por ti!

69. Cuando desperté esta mañana, pensé que tu amor es como

un copo de nieve. Es suave, delicado y único en su conformación. Y como una nevada en el atardecer, tu amor me cubre cuando me despierto.

70. Cuando pienso en nuestro matrimonio, me siento como la Cenicienta. Jamás se me cruzó por la mente que alguna vez me querrías. Sin embargo, la zapatilla me quedó bien. Y la vida junto a ti, mi Príncipe Azul, ¡ha sido como los sueños que tenía cuando era niña!

71. El amor de mi esposo se puede comparar a un enorme helado de fruta, ¡sin calorías! Es dulce y agradable, y no importa cuánto quiera, ¡siempre hay más que suficiente!

Cómo expresar lo que pensamos de nuestros amigos

72. Cuando estoy con mis amigos, recuerdo la vez que escalé el monte McKinley. Nunca hubiera podido llegar a la cima sin la ayuda de los otros alpinistas. De la misma manera, le doy las gracias a Dios por los amigos "alpinistas" que tengo, porque me han ayudado mucho.

73. Cuando estoy contigo, me siento como si estuviera durmiendo en una cálida y confortable cama con un colchón de plumas. Por la noche puedo descansar, sabiendo siempre que tú estarás allí a mi lado. Tu comprensión es como una canción de cuna que me hace dormir, y el tiempo que paso contigo siempre me refresca y me prepara para un nuevo día.

74. Puedo comparar a mi amiga a un atractivo sillón con grandes y mullidos almohadones. Siempre me siento cómoda y segura con ella. Está a mi lado cada vez que la necesito. Sé que puedo relajarme, quitarme los zapatos, reclinarme y disfrutar de su compañía. ¡Estoy tan agradecida por tener una amiga tan maravillosa!

75. Salir contigo es como ponerme unos pantalones de buena marca. Tu etiqueta realmente me hace sentir orgulloso de ti. ¡Eres una persona tan especial!

76. La fiesta sorpresa que me diste me hizo sentir como una estrella de cine agasajada por un grupo de fanáticos seguidores. Resulta un poquito incómodo ser el centro de tanta atención. ¡Pero a la vez es maravilloso!

77. El otro día, me sentí como un cachorrito en un negocio donde venden mascotas. Todos lo admiran, pero nadie se preocupa

por él. Deseaba tanto que alguien me tomara en sus manos y jugara conmigo un rato. Entonces tú te detuviste y te sentaste a mi lado, a pesar de que estabas muy apurado. Gracias por tomarte el tiempo para amarme y preocuparte por mí.

78. Mis amigos y yo somos como un circo de alegres payasos. ¡Hacemos las cosas más alocadas! Actuamos para que las personas disfruten los pocos momentos de risa que tiene la vida. Lo que es singular en cuanto a nosotros, es que cuando concluye la actuación, podemos quitarnos las máscaras y aceptarnos el uno al otro simplemente por lo que somos. Estos muchachos son verdaderos amigos; ¡espero que estemos juntos toda la vida!

79. Tengo un amigo especial que para mí es como una linterna. Cuando me encuentro perdida en la oscuridad, con toda seguridad puedo ver su luz, penetrando la oscuridad y viniendo hacia mí. Entonces me lleva a casa sana y salva. Algunas veces, él señala con su luz alguna esfera problemática de mi vida, que yo he tratado de mantener en la oscuridad. He aprendido a apreciar eso.

80. Tengo una amiga especial que posee una habilidad asombrosa para ayudarme a corregir mis faltas. Ella es como una hábil cirujana, con un ojo muy experimentado para diagnosticar, y una mente perspicaz para discernir sabiamente cuál es la mejor manera de resolver el problema. Cuando llega el momento de la cirugía, alivia el dolor con la anestesia del genuino amor. Luego, cuando la cirugía ha concluido, suavemente cierra la herida con tiernas puntadas de compasión. Pero lo que más me gusta de ella es que, como cualquier buen cirujano, constantemente controla mi progreso y me asegura que estaré mejor a causa de la operación.

81. Nosotros cuatro somos como un hermoso conjunto de ropa. Cada uno de nosotros, por separado, no llama la atención. Sin embargo, Dios nos ha formado de tal manera, que la gente que nos ve juntos admira nuestra belleza y nuestro estilo.

82. Cuando estoy con mis amigos, me siento como si estuviéramos en una tabla de *surfing* gigante, sobre las olas de una playa hawaiana. Algunas veces el mar se embravece, pero estamos allí para ayudarnos los unos a los otros a permanecer sobre la tabla. Muchas veces montamos una gran ola y disfrutamos de la emoción de hacerlo juntos. Cuando uno de nosotros cae, todos los demás nos zambullimos para rescatarlo. Realmente nos preocupamos los unos por los otros, y es maravilloso saber que aunque nos atacara

un tiburón, alguien estará cerca para rescatarnos.

83. Me siento como una semilla que contiene todos los ingredientes que Dios le ha dado para crecer. Y, sin embargo, dependo de otros para que me provean el agua, el terreno y la luz del sol para brotar y desarrollarme. Hace tanto tiempo que nadie me provee la ayuda que necesito, que estoy un poco temerosa de confiar en los demás. Pero no voy a darme por vencida. Sé que algún día voy a encontrar a algunos amigos aquí en la universidad que me van a ayudar a crecer.

84. Me siento en gran parte como una vieja máquina de coser. He trabajado fielmente durante años, pero ahora no soy tan veloz como antes y rechino con más frecuencia. Es por eso que me resulta una bendición tener amigos que me proporcionen el aceite del aliento y del apoyo. Con ellos, sé que tengo muchos años más de fiel servicio.

85. Soy como un espejo que trata de reflejar la imagen de Dios a los demás. Algunas veces, eso resulta difícil. ¡Es tan maravilloso tener amigos que me aman a pesar de mis grietas!

Cómo decirles a los demás que estoy herido

86. Me siento como una alfombra que pasa inadvertida. Me gustaría que las personas se quitaran los zapatos y apreciaran la suavidad que puedo ofrecerles, pero no lo hacen. En cambio, me pisotean y me pasan por alto.

87. Me siento como un operador de computadoras que ha pasado meses creando un programa especial, cuando el portero nocturno accidentalmente desconecta la electricidad y se pierde todo mi trabajo. He pasado seis meses tratando de solidificar mi relación con mi novia, sólo para descubrir que otro ha aparecido y nos ha "desconectado". Me llevará un largo tiempo hasta sanar las heridas y reprogramar nuevas amistades.

88. Me siento como una margarita que ha sido trasplantada a un vasto campo de mirasoles de Texas. Quienes admiran el campo no se dan cuenta de que yo soy diferente. Antes de esto, me arrancaron de la tierra, me pusieron en una maceta durante algún tiempo, y luego me volvieron a plantar. Ahora me estoy secando por la falta de agua y de cuidado, y nadie escucha mi clamor pidiendo ayuda. Las raíces de las otras plantas impiden que tenga la oportunidad de volver a crecer. ¿Podría alguien ayudarme?

Cómo expresar lo que siento con respecto a mi trabajo

Me siento muy bien con respecto a lo que hago

89. Nuestra compañía es como el campeón mundial de peso pesado. Miles de contrincantes quieren ocupar nuestro lugar. Nos parecemos un poco a Rocky y a Apollo Creed. Estamos entre asaltos; nos encontramos en una de las esquinas. Estamos lastimados, agotados y ensangrentados, pero seguiremos estando en el cuadrilátero. No nos vamos a dar por vencidos. Seguiremos siendo campeones cuando esto haya terminado. No importa con quién tengamos que enfrentarnos, ¡nunca, nunca, nunca nos daremos por vencidos!

90. Me siento como un halcón. Mi compañía me ha entrenado bien. Han afilado mis habilidades al máximo. Tengo absoluta confianza de que puedo hacer este trabajo. ¡Allá voy!

91. Soy como un equipo de béisbol a fines de septiembre, que tiene grandes posibilidades de llegar a las finales. He tenido altibajos durante esta temporada, pero ahora las cosas se ven bien. He obtenido mi segunda victoria, ¡voy por la copa!

92. Ayer, mi jefe me hizo sentir muy bien. Me comparó al jugador del centro en un equipo de fútbol. No es la posición que se destaca más, pero es tan importante como las demás. En realidad, gran parte del éxito de la compañía depende de que el centro le envíe la pelota a los defensores. Nunca había pensado en esto, pero como gerente de la oficina, estoy en el medio de la acción. Todos los juegos comienzan conmigo. El dijo que yo tengo tanto mérito por el éxito del equipo como los defensores.

93. En mi nuevo cargo de supervisor, me siento como si hubiera estado en uno de los barcos de Cristóbal Colón durante meses. He tenido que hacer frente al desaliento, a la fatiga, a la frustración y a los posibles motines. Hubo momentos en los que hubiera deseado saltar por la borda. Pero finalmente, siento como si me hubiera despertado después de una noche de terribles tormentas para ver la tierra en el horizonte, brillando con la luz matutina del sol. Por fin puedo ver que los cambios que hice fueron acertados.

94. Me siento como un perro perdiguero junto a los cazadores, un día en que lo están pasado muy bien. Como he trabajado fielmente, me retribuyen con elogios y afecto. ¡Me encanta esto! ¡Disparen a esos patos!

95. Soy como un viejo guante de béisbol. A pesar de estar gastado, todavía puedo interceptar. Con una mano que me ayude, puedo interceptar cualquier pelota, inclusive la que viene a ras del suelo.

96. Mi jefe me dijo que nuestra compañía solía ser como un balde con un agujero a cinco centímetros del borde. Por más que trabajaran los empleados, nunca podían llenarlo de agua. Pero desde que me añadieron al equipo, se ha reparado el agujero, y estamos marchando muy bien. ¡Y por primera vez en años, el balde está a punto de desbordarse con las ganancias!

97. Soy mecánico. Hace algunos días mi jefe me dijo un cumplido que me hizo sentir muy bien. Me dijo que el trabajo que yo hago es como el aceite en una máquina. Hace que todo corra suavemente con un mínimo de fricción. Sin él, todo se rompería. ¡Es fantástico trabajar para alguien que me aprecia!

98. Nuestra compañía acaba de darme un sobresueldo por un buen negocio que hice. Me siento como si estuviera jugando un juego de video y mi puntuación fuera altísima. Cuanto mejor lo hago, más juegos gratis obtengo, y más entusiasmado me siento con lo que estoy haciendo. ¡Es fantástico!

Siento que mi trabajo es una tarea monótona

99. Me siento como un hermoso caballo de carrera, que solamente lo utilizan como un poni para que los niños lo monten. Constantemente ando en un círculo. Los niños me dan puntapiés cuando suben y cuando bajan. Me ensucian con helados. Mi montura está polvorienta, y a mi dueño no le importa lo más mínimo. Me da el sol todo el día. Mis crines, que una vez fueron hermosas, ahora están enredadas. La vergüenza no me permite levantar la cabeza. Sé que la sangre noble de un caballo de carrera corre por mis venas. Si tan sólo pudiera estar libre de esta tarea monótona, entonces podría mostrar lo que soy capaz de hacer.

100. Me siento como un tubo de pasta dentífrica. Al finalizar el día las personas han extraído todo lo que pueden de mí. Mi trabajo realmente ha ayudado a la compañía, y sé que me aprecian por eso. Sin embargo, a nadie parece importarle que me encuentro vacía y hecha nudos por dentro.

101. El partido ha terminado y los jugadores se dirigen a los vestuarios. Arrojan los uniformes sucios al suelo, junto con las

medias y los zapatos embarrados. Los jugadores se dan una ducha y lentamente se van, dejándome solo. No solamente tengo que limpiar todo este desorden, sino que nadie sabe que yo estoy aquí realizando este trabajo.

NOTAS

Capítulo uno

1. Aunque algunas personas están más familiarizadas con las expresiones "metáfora" y "lenguaje figurado", nos gusta hablar de "descripciones vívidas" porque es un término que corresponde mejor a esta figura de lenguaje. Esta expresión se encuentra en artículos tales como "The Logical Art of Writing Word Pictures", por Carol Huber, *IEEE Transactions on Professional Communication*, marzo de 1985, pp. 27, 28.

Capítulo dos

1. Como ejemplo del terrible daño que causa un padre enojado, ver el libro de William S. Appleton: *Fathers and Daughters* (New York: Berkeley Books, 1981).

2. "Cuando hoy en día las personas utilizan una figura de lenguaje, generalmente se encuentran con el siguiente comentario: 'Ah, eso es en sentido figurado', queriendo decir que el significado se debilita, que tiene un significado completamente diferente o que carece totalmente de significado. Pero sucede exactamente lo contrario, ya que las figuras de lenguaje se utilizan sólo para añadir fuerza a la verdad que acompañan, para dar énfasis a la declaración de dicha verdad, y profundidad a su significado." E. W. Bullinger, *Figures of Speech* (Grand Rapids: Baker Book House, 1968), pp. 5, 6.

Capítulo tres

1. *Licencias para cazar y artículos para la cacería de ciervos tal como lo informa el Departamento del Interior, 15 de julio, 1941 a 1942* (Washington: U.S. Fish and Wildlife Bureau, Federal Aid Office, 1942). La película *Bambi* causó tal furor, que dos revistas importantes dedicaron artículos editoriales completos a este asunto. Para comprobar los efectos negativos que esta película tuvo sobre la industria de la cacería de los ciervos, ver "The Nature of Things" de Donald C. Pettie, *Audubon Magazine*, septiembre de 1942, pp.

266-271. Para conocer el punto de vista de los aficionados a la cacería, ver "*Outdoor Life* Condemns Walt Disney's Film *Bambi* as Insult to American Sportsmen", *Outdoor Life*, septiembre de 1942, p. 17.

2. Cicerón, *De oratore*, Trans. H. Ranckham, The Loeb Classical Library, 1942 (Cambridge: Harvard University Press, 1977).

3. Cicerón, *De inventione*, Trans. H. M. Hubbell, The Loeb Classical Library, 1949 (Cambridge: Harvard University Press, 1976).

4. Aristóteles, "*Art*" *of Rhetoric*, Trans. J. H. Freese, The Loeb Classical Library, 1926 (Cambridge: Harvard University Press, 1975).

5. Charles Lewis, *The Autobiography of Benjamin Franklin* (New York: Collin Books, 1962).

6. Cuando Lincoln conoció a Harriet Beecher Stowe, se dice que comentó: "¡Así que ésta es la pequeña dama que escribió el libro que ocasionó esta gran guerra!" James Ford Rhodes, *History of the United States*, vol. 1 (1893); *Lectures on the American Civil War* (1913).

7. Winston S. Churchill, *The Unrelenting Struggle* (Boston: Little, Brown and Company, 1942), p. 95. Para otros ejemplos de las muchas maneras en que Churchill utilizó las descripciones vívidas, ver *Winston Churchill's Secret Session Speeches*, por Charles Eade (ed.), (New York: Simon and Schuster, 1946) o *The End of the Beginning: War Speeches by the Right Honorable Winston S. Churchill* (Cassell and Company, 1943).

8. Ver capítulo quince: "El lado oscuro de las descripciones vívidas emocionales."

9. John F. Kennedy, "Inaugural Address", *New York Times*, 21 de enero de 1961, p. 8.

10. Dr. Martin Luther King, Jr., *Letter from a Birmingham Jail & I Have a Dream* (Atlanta: The Southern Christian Leadership Conference, 1963).

11. Alfred A. Balitzer (ed.), *A Time for Choosing: The Speeches of Ronald Reagan, 1961-82* (Chicago: Regnery Gateway, 1983). Ver también "Reagan Leaves the Democrats Mumbling" por T. Marganthau, *Newsweek*, 27 de octubre de 1986, pp. 29, 30. O: "Never Underestimate Him!", por P. McGrath, *Newsweek*, 19 de abril de 1982, pp. 28, 29.

12. S. L. Greenslade, *The Cambridge History of the Bible* (Cambridge: Cambridge University Press, 1973), p. 479. "La Biblia ha sido leída por más personas y publicada en más idiomas que cualquier otro libro."

13. John P. Eaton, *Titanic: Triumph and Tragedy* (New York: W. W. Norton & Co., 1986).

14. James and William Belote, *Typhoon of Steel: The Battle for Okinawa* (New York: Harper and Row, 1970), y *Chaplains with Marines in Vietnam 1962-71*, por el comandante Herbert L. Bergsma (Washington, D.C.: History and Museum's Division, Headquarters Marine Corp, 1985).

15. "Men of the Year", *Time*, 3 de enero de 1969. Los astronautas Frank Borman, Jim Lovell y Bill Anders leen Génesis 1:1-10 en la Nochebuena del año 1968, durante la misión del Apolo 8.

16. Para la parábola del buen samaritano, ver Lucas 10:29-37. Para el desafiante relato del hijo pródigo, ver Lucas 15:11-32. Por cierto, Cristo utilizó descripciones vívidas emocionales para enseñar sus verdades más profundas. Las utilizó para *animar* a sus discípulos ("En la casa de mi Padre muchas moradas hay", Juan 14:1-3); para *confrontar* a sus enemigos ("Guías ciegos . . . semejantes a sepulcros blanqueados", Mateo 23:24, 27); para *enseñar* lecciones de fe y de perdón a aquellos que le seguían ("Si tuviereis fe como un grano de mostaza, diréis a este monte . . .", Mateo 17:20).

17. Por ejemplo, se describe a Cristo como Admirable, Consejero, Padre Eterno, Príncipe de Paz (Isaías 9:6); el Verbo (Juan 1:1); la luz del mundo (Juan 8:12); la vid (Juan 15:5); el León de la tribu de Judá (Apocalipsis 5:5); y la estrella resplandeciente de la mañana (Apocalipsis 22:16). De Dios el Padre se dice que protege a los justos con un escudo (Salmo 5:11, 12); se dice que es una roca (Salmo 28:1); un ave que despliega sus alas protectoras sobre sus hijos (Salmo 91:4); y un refugio y un escudo (Salmo 119:114).

18. Robert Hoffman, "Recent Research on Figurative Language", *Annals of the New York Academy of Sciences*, diciembre de 1984, pp. 137-166.

19. Leonard Zunin, *Contact: The First Four Minutes* (New York: Ballantine Books, 1975).

20. L. D. Groninger, "Physiological Function of Images in the Encoding-Retrieval Process", *Journal of Experimental Psychology:*

Learning, Memory, and Cognition, julio de 1985, pp. 353-358.

21. G. R. Potts, "Storing and Retrieving Information about Spatial Images", *Psychological Review,* vol. 75 (1978): 550-560, y Z. W. Pylyshyn, "What the Mind's Eye Tells the Mind's Brain: A Critique of Mental Images", *Psychological Bulletin,* vol. 80, n. 6 (1973): 1-24.

22. Ibid., Pylyshyn, p. 22.

23. Entre otras investigaciones se puede consultar la de A. Mehrablan: "The Silent Messages We Send", *Journal of Communication,* julio de 1982.

24. Louie S. Karpress and Ming Singer, "Communicative Competence", *Psychology Reports,* vol. 59 (1986): 1299-1306.

25. Para una excelente investigación sobre cómo tratar las diferencias en el matrimonio, recomendamos el trabajo de Chuck y Barb Snider: *Incompatibility: Grounds for a Great Marriage* (Phoenix: Questar Publishers, Inc., 1988).

Capítulo cuatro

1. S. F. Witelson, "Sex and the Single Hemisphere: Specialization of the Right Hemisphere for Spatial Processing", *Science,* 193:425-427, y Milton Diamond, "Human Sexual Development: Biological Foundations for Social Development", *Human Sexuality* (Baltimore: Johns Hopkins Press, 1981).

2. J. E. Bogen, "Cerebral Commissurotomy in Man: Minor Hemisphere Dominance for Certain Visuospatial Functions", *Journal of Neurosurgery,* 1965, pp. 135-162, y John Levy, "A Model for the Genetics of Handedness", *Genetics,* 72: 117-128.

3. E. Zaidel, "Auditory Language Comprehension in the Right Hemisphere: A Comparison with Child Language", *Language Acquisition and Language Breakdown* (Baltimore: Johns Hopkins Press, 1978).

4. D. Kimura, "Early Motor Functions of the Left and Right Hemisphere", *Brain,* 97:337-350.

5. Robert Kohn, "Patterns of Hemispheric Specialization in Pre-Schoolers", *Neuropsychologia,* vol. 12:505-512.

6. J. Levy, "The Adaptive Advantages of Cerebral Asymmetry and Communication", *Annals of the New York Academy of Sciences,* vol. 229: 264-272.

7. Richard Restak, M.D., *The Brain* (New York: Bantam Books, 1984), pp. 242-245.

8. Ibid., p. 43.

9. Robert Goy, *Sexual Differentiation of the Brain* (Cambridge: MIT Press).

10. Pierre Flor-Henry, "On Certain Aspects of the Localization of the Cerebral Systems Regulating and Determining Emotion", *Biological Psychiatry,* vol. 14 (1985): 4-14. O: J. B. Hutchinson, *Biological Determinants of Sexual Behavior* (New York: John Wiley and Sons, 1978).

11. Ibid., Hutchinson.

12. Arthur Paivio, *Imagery and Verbal Processes* (New York: Holt, Rinehart and Winston, 1971).

13. Ver el capítulo quince: "El lado oscuro de las descripciones vívidas emocionales."

Capítulo cinco

1. El relato bíblico de esta cautivante descripción vívida se encuentra en 2 Samuel 11 y 12.

2. 1 Samuel 16:1-12.

3. 1 Samuel 17; 2 Samuel 3:1; 5:1-25.

4. Los destacados eruditos del Antiguo Testamento Keil y Delitzsch comentan acerca del estado de David: "Estas palabras llegaron al corazón de David, y quitaron el peso de la carga que le oprimía. No existe excusa, ni pretexto, ni se puede alegar a la debilidad humana. El confiesa abiertamente su culpa, cándidamente y sin prevaricaciones." C. F. Keil y F. Delitzsch, *Commentary on the Old Testament in Ten Volumes: Vol. II: Joshua, Judges, Ruth, 1 and 2 Samuel* (Grand Rapids: William B. Eerdmans Publishing, 1975), p. 391.

Capítulo seis

1. Diccionario Ilustrado de la Biblia, (Miami: Editorial Caribe, 1977), p. 365.

2. Francis Brown, S. R. Driver and Charles A. Briggs, *A Hebrew and English Lexicon of the Old Testament* (Oxford: Claredon Press, reprinted edition, 1974), "kilyah", p. 480, y Oxford "fear" ("temor"), p. 973.

3. 2 Samuel 12:1 y siguientes.

4. Gary Smalley y John Trent, *La bendición* (Minneapolis, Minnesota: Editorial Betania, 1990).

5. Por ejemplo, Cristo utilizó descripciones vívidas con ciertos grupos de personas diciéndoles "de oído oiréis, y no entenderéis; y viendo veréis, y no percibiréis" (Mateo 13:14 y siguientes).

Capítulo siete

1. Si has leído solamente esta historia del libro, deberás volver atrás a las porciones de los capítulos cinco y seis, llamadas "Siete pasos para crear descripciones vívidas emocionales" para saber cuáles fueron los pasos que siguió Jorge.

Capítulo ocho

1. Richard F. Newcomb, *Iwo Jima* (Holt, Rinehart & Winston, New York, 1965), p. 35.

2. Ibid., p. 229.

Capítulo diez

1. Wilder Penfield, *The Mystery of the Mind* (Princeton: Princeton University Press, 1984), p. 148.

2. Para una vacación familiar con propósito, puedes escribir a uno de nuestros lugares favoritos para obtener información acerca de sus destacados retiros familiares: Forest Home Conference Center, General Delivery, Forest Falls, CA 92339, o llama al (714) 794-1127.

3. The Performax Personal Profile System (Performax Systems International, Minneapolis, Minnesota).

4. Para recibir información acerca del autor, escribe a: Today's Family, Post Office Box 2111, Phoenix, AZ 85028.

Capítulo once

1. Gary Smalley, *El gozo del amor comprometido, Tomos 1 y 2* (Minneapolis, Minnesota: Editorial Betania, 1979); Gary Smalley y John Trent, *La bendición* (Minneapolis, Minnesota: Editorial Betania, 1990) y *El don de la honra* (Deerfield, Florida: Editorial Vida); Gary Smalley, *La llave al corazón de tu hijo* (Minneapolis, Minnesota: Editorial Betania, 1991).

2. Ver la descripción vívida de Jorge en el capítulo siete titulado "La fuente de la naturaleza", y la de Susana en el siguiente capítulo titulado "La fuente de los objetos que usamos todos los días".

3. *The Compact Edition of the Oxford English Dictionary* (New York: Oxford University Press), p. 485.

Capítulo doce

1. Cantar de los Cantares 4:1 y siguientes.
2. Cantar de los Cantares 2:1 y siguientes.
3. William Shakespeare, *Romeo y Julieta*, Acto II, Escena I, (Dramas, Vol. II, Obras Maestras, Editorial Iberia), p. 96
4. Ibid.
5. Ibid., Acto III, Escena II, p. 112.
6. Elizabeth Barrett Browning, "Sonnets from the Portuguese".
7. Christopher Ricks, *The Force of Poetry* (Oxford: Cambridge University Press, 1984), y J. R. Jackson, *Poetry and the Romantics* (London: Rouledge & Kegan Paul Ltd., 1980).
8. UCLA Monthly, *Alumni Association News*, marzo-abril, 1981, p. 1.
9. F. B. Dresslar, "The Psychology of Touch", *American Journal of Psychology*, vol. 6 (1984): 316.
10. Para darle una desafiante mirada al origen y la creación de las aventuras amorosas, ver Willard F. Harley, *His Needs/Her Needs* (Old Tappan, New Jersey: Fleming H. Revell Company, 1986).
11. Marc H. Hollender, "The Wish to Be Held", *Archives of General Psychiatry*, vol. 22 (1970): 445.
12. S. R. Arbetter, "Body Language: Your Body's Silent Movie", *Current Health*, febrero de 1987, pp. 11-13.
13. Ver nuestra definición de lo que es una descripción vívida en el capítulo dos que se titula: "Palabras que atraviesan el corazón."
14. Salmo 128:1, 3.
15. Ver *Joy That Lasts* de Gary Smalley (Grand Rapids: Zondervan Publishers, 1985). En este libro, Gary habla de la importancia de una vida espiritual dinámica como la clave del éxito en todo lo que hacemos. Y en *El irresistible lenguaje del amor* se explica principalmente cómo se pueden utilizar las descripciones vívidas como una herramienta efectiva en la comunicación. Estamos pensando escribir un libro que señale el increíble poder de las descripciones vívidas para enriquecer la vida espiritual de una persona.

Capítulo trece

1. James C. Dobson, *Atrévete a disciplinar* (Deerfield, Florida: Editorial Vida, 1976); *Hide or Seek* (Old Tappan, New Jersey: Fleming H. Revell, Power Books, 1974); *El amor debe ser firme* (Deerfield, Florida: Editorial Vida, 1990); Paul D. Meier, *Christian Child-Rearing and Personality Development* (Grand Rapids: Baker Book House, 1977); Richard Allen, *Common Sense Discipline* (Ft. Worth: Worthy Publishers, 1986).

2. James C. Dobson, *Tener hijos no es para cobardes* (Deerfield, Florida: Editorial Vida, 1991).

Capítulo catorce

1. Gary Smalley y John Trent, *La bendición* (Minneapolis, Minnesota: Editorial Betania, 1990).

2. Robert Pandia, "Psychosocial Correlates of Alcohol and Drug Use", *Journal of Studies on Alcohol*, vol. 44, no. 6 (1983): 950; Mark Warren, "Family Background and Substance Abuse", *Psychiatric Research Review*, vol. 35 (1985): 25; Joanna Norell, "Parent-Adolescent Interaction: Influences on Depression and Mood Cycles", *Dissertation Abstracts International*, vol. 45, no. 4-A (1984): 1067; Frank Minirth, Paul Meier, Bill Brewer et al., *The Workaholic and His Family* (Grand Rapids: Baker, 1981); Frank Minirth and Paul Meier, *Happiness Is a Choice* (Grand Rapids: Baker, 1978).

3. Brian Lucas, "Identity Status, Parent-Adolescent Relationships, and Participation in Marginal Religious Groups", *Dissertation Abstracts International*, vol. 43, no. 12-B (1984): 4131; J. R. Heiman, "A Psychophysiological Exploration of Sexual Arousal Patterns in Females and Males", *Psychophysiology*, vol. 14, no. 3 (1987): 2266-2274; J. V. Mitchell, "Goal-Setting Behavior as a Function of Self-Acceptance, Over- and Under-Achievement and Related Personality Variables", *Journal of Educational Psychology*, vol. 50 (1970): 93-104.

4. V. Cosi, *Amyotrophic Lateral Sclerosis* (New York: Plenum Press, 1987).

5. E. M. Goldberg, *Family Influences and Psychosomatic Illness* (London: Tovistock Publishers Ltd., 1987).

6. Ver el capítulo seis titulado: "Cómo crear una descripción vívida emocional efectiva. Parte II."

7. Cathy Dent, "Facilitating Children's Recall of Figurative

Language in Text Using Films of Natural Objects and Events", *Human Development*, julio-agosto 1986, pp. 231-235; Robert Verbrugge, "The Role of Metaphor in Our Perception of Language", discurso no publicado, presentado en la Sección Lingüística de la Academia de Ciencias de Nueva York, el 14 de enero de 1980.

8. Deena Bernstein, "Figurative Language: Assessment Strategies and Implications for Intervention", *Folia Phoniat*, vol. 39 (1987): 130.

9. Proverbios 22:6.

10. Para una excelente descripción de lo que implica la crianza de los hijos, ver el libro de Charles R. Swindoll, *You and Your Child* (Nashville: Thomas Nelson Publishers, 1977).

11. Proverbios 6:6.

12. S. J. Samuels, "Effects of Pictures on Learning to Read, Comprehension and Attitudes Toward Learning", *Review of Educational Research*, vol. 40 (1980): 397.

13. William Looft, "Modification of Life Concepts in Children and Adults", *Developmental Psychology*, vol. 1 (1969): 445.

14. Gary Smalley, *La llave al corazón de tu hijo* (Minneapolis, Minnesota: Editorial Betania, 1991).

Capítulo quince

1. Proverbios 18:21.

2. Theodore Abel, *Why Hitler Came into Power* (New York: Prentice Hall, 1948).

3. Norman H. Baynes, *The Speeches of Adolf Hitler, Vol. I and II* (New York: Howard Fertig Publishers, 1969). Este discurso lo dio en el Kroll Opera House en Berlín, el 23 de marzo de 1933.

4. Philip Kerns, *People's Temple/People's Tomb* (Plainfield, New Jersey: Logos International, 1979).

5. Edwin Meuller, *Making Sense of the Jonestown Suicides* (New York: Cassel Publishing, 1981).

6. Vincent Bugliosi, *Helter Skelter* (New York: Bantam Books, 1975).

7. Walter Martin, *Kingdom of the Cults* (Minneapolis: Bethany House Publishers, 1985), y un libro por un ex sacerdote satánico, Mike Warnke, *Satan Seller* (Plainfield, New Jersey: Bridge Publishing, 1987).

8. Para ver un cuadro patético de las personas adictas a infligir castigo verbal a otros, ver el libro de M. Scott Peck, *People of the Lie* (New York: Simon & Schuster, 1983).

9. C. S. Lewis, *The Lion, the Witch and the Wardrobe* (New York: Macmillan Publishing Co., 1950), pp. 75, 76.

Otros libros del mismo autor:

EL AMOR ES UNA DECISION

No te desanimes pensando que el amor es simplemente un sentimiento fluctuante, porque no es así. El verdadero amor es honor puesto en acción, sea cual sea el costo, porque realmente el amor es, y siempre ha sido, una decisión.

LA BENDICION

En estas páginas verás desarrollada y actualizada, en forma práctica y sencilla, una tradición de los patriarcas del Antiguo Testamento. La aplicación de los cinco elementos de que consta *La bendición* cambiará totalmente tu vida.

EL GOZO DEL AMOR COMPROMETIDO - TOMO I

Amando y comprendiendo a tu esposa.
Diez pasos para fortalecer el matrimonio y una explicación de las más profundas necesidades de la mujer.

EL GOZO DEL AMOR COMPROMETIDO - TOMO II

Comprendiendo y amando a tu esposo.
Ayuda a la esposa a conocer a su esposo y la motiva a mejorar sus relaciones como pareja.

www.ingramcontent.com/pod-product-compliance
Ingram Content Group UK Ltd.
Pitfield, Milton Keynes, MK11 3LW, UK
UKHW020812120325
456141UK00001B/65